Como ter força de vontade
(e escapar do vício)

Psicologia da Conduta:
para parar de esbanjar, fumar, beber, engordar, jogar,...

I0420774

Cacildo Marques

Cover design by Cacildo Marques
Episteme-Ed-Butantan

ISBN: 978-1517754631

Conteúdo

Como ter força de vontade
(e escapar do vício)

Psicologia da Conduta – para parar de esbanjar, fumar, beber, engordar, jogar,...

Cacildo Marques

O pilar da força de vontade é o apoio dos amigos.

Capítulo 1 - Esbanjamento

A motivação para escrever este livro veio do fato de haver tantas pessoas simples, sem recursos, mergulhadas na inadimplência, após cair na ilusão do crediário fácil. Obviamente, é necessário ter determinação não apenas para escapar das compras que estão além da capacidade, mas também para estar livre dos vícios, para obter sucesso nos estudos, para se livrar de uma paixão destrutiva, para completar os trabalhos começados e para atingir quaisquer objetivos viáveis na direção dos quais se decidiu caminhar.

Mas o crediário é apenas uma das formas de a pessoa se ver enredada em dificuldades econômicas. Há os que, mesmo sem comprar fiado, gastam tudo o que têm antes da hora e ficam todo o resto do mês com o caixa zerado. Há os que emprestam o que têm para amigos ou conhecidos e não recebem quando esperam contar com a volta daquele recurso. Este último caso nem é uma questão de força de vontade própria, mas de ingenuidade, ou de "coração mole", que prejudica o dono desse órgão.

Pindaíba significa em tupi "árvore de pesca". É uma árvore de tronco fino que os indígenas cortam para fazer vara de pescar. Daquele indivíduo que voltava da pescaria com a vara nas costas e sem nenhum peixe dizia-se que voltava "na pindaíba". Daí, estar "na pindaíba" significa, ainda hoje, estar sem recursos. E quem está "na pindaíba" pode estar nessa situação ou por não ter ganhado nada ou por ter perdido. Para evitar esse segundo caso, podemos receber três tipos de conselho: não sejas bobo – de cair na conversa dos mais espertos -, não sejas desprevenido – para não ser surrupiado -, não sejas perdulário – isto é, usa tua força de vontade para conseguir administrar teus bens, sem esbanjamento.

A primeira demonstração que se pode dar de que se tem força de vontade é a de não ser perdulário. Saber regrar, saber economizar, isso é mostra de maturidade e responsabilidade.

Juros. Posso contrair dívidas confiando nos juros simples?

Uma primeira questão sobre o canto de sereia do crediário é o aspecto matemático dos juros. Estranhamente, não faz parte ainda do programa de Matemática de nosso ensino fundamental o capítulo sobre juros compostos, mas apenas o de juros simples, algo que leva a uma confusão muito prejudicial. Na fórmula de juros simples, os juros são calculados multiplicando-se linearmente o capital inicial pela taxa de juros e esse total pelo tempo de aplicação. Se o tempo quadruplicar, os juros quadruplicam, por exemplo. Ora, a única situação de mercado em que se usa esse tipo de cálculo é no desconto de duplicatas pelos bancos, por uma questão de facilidade e urgência. Em todos os outros casos, os juros são compostos, seja qual for a tabela usada.

Nos juros compostos, a capitalização se faz a cada período, e os juros incidem sobre o montante atualizado. Suponha-se um capital de 1000 unidades aplicado a uma taxa de 1% ao mês. No primeiro mês, o montante será de 1010 unidades. No segundo mês não se aplica a taxa sobre a base 1000 unidades, mas sobre o montante 1010. Após 36 meses, a coisa fica difícil, quando se tratar de uma dívida. Esse é o problema da dívida pública dos países; pois, em muitos casos, em lugar de abater a dívida, o governo sua para pagar apenas os juros.

A fórmula usual de juros compostos permite calcular, na realidade, o montante da dívida, no tempo determinado. Para se obter esse montante, multiplica-se o capital pela potência cuja base é a soma de 100% mais a taxa de juros e cujo expoente é a quantidade de meses, ou anos, conforme a periodização seja numa ou noutra medida. Na aplicação acima, após 36 meses o montante será calculado assim: após somar 100% mais 1%, obtendo-se 101%, ou 1,01, pois 100% é o mesmo que 100/100, chega-se ao total fazendo-se a multiplicação de 1000 pela potência 1,01 elevada a 36. Isso dá 1430,77. Em juros simples isso daria somente 1036,00. Vê a diferença.

Agora supõe a compra de uma bicicleta de 1000,00, mas com juros de 3% numa dívida de 36 prestações mensais. O montante será de 2898,28, quase três vezes o preço à vista.

Um grande passo para adquirirmos força de vontade é, pois, o conhecimento dos processos que podem nos iludir.

Mas olha o lado positivo desse sistema. Em lugar de tomar emprestado e dever montantes a juros compostos, em lugar de comprar a prazo com prestações a perder de vista, mas nunca com juros simples, busca ficar do outro lado do balcão. Aquela diferença no valor da bicicleta, de 1000,00 para 2898,28, será tua. Se emprestas 1000,00 a alguém com juros compostos de 3% ao mês, terás 1898,28 de juros ao fim de três anos. Existe o risco de perda por causa da inadimplência do outro? Existe, sim. E existirá tanto mais quanto maior for a desinformação dessa outra pessoa. Portanto, a menos que estejas pronto a usar os recursos judiciais para garantir o recebimento do que te pertence, não convém emprestar ou vender fiado com base na ignorância do cliente. Alertar sobre o quanto ele te deverá com o passar dos meses é uma questão de atitude cidadã. Se ele quiser fechar o negócio mesmo assim, sabes que o que ocorrerá no futuro em relação a valores não será uma surpresa.

Quando as pessoas estão razoavelmente informadas sobre o papel dos juros, os bancos utilizam esse fato para determinar limites superiores do "spread", as taxas cobradas por eles sobre os empréstimos. Se um cliente aceita pagar uma taxa muito alta, isso pode ser um indício de que ele não cumprirá o trato. Então o risco da transação tem um teto para a taxa de juros, além da qual os bancos sabem que não vale a pena emprestar. Isso é conclusão de um dos estudos do economista Joseph Stiglitz, que usa, normalmente, o mercado dos Estados Unidos, onde os adolescentes têm alguma formação em juros, por causa de um assunto do ensino médio chamado "anuidades". Nos mercados da América Latina, onde a maioria só estudou de juros a parte de juros simples, por uma grande irresponsabilidade do sistema escolar, um cliente que aceita pagar juros altíssimos pode ser uma pessoa absolutamente honesta, mas ingênua. Não é tão estranho, portanto, que quando a taxa básica do governo está em 12% ao ano, ou em torno disso, os juros de mercado no cartão de crédito alcançam os 180% anuais, i. e., enquanto recebes 12% de juros anuais se emprestares ao governo, as financiadoras de cartão de crédito te cobram 180%. Vejamos: teu vizinho comprou 1000,00 em títulos do Tesouro Nacional em janeiro, e, na mesma época, ficaste devendo 1000,00 no cartão. Em janeiro do ano seguinte, deves 2800,00 ao mercado, enquanto teu vizinho tem montante de 1120,00 na mão do governo. Teu vizinho ganhou pouco, por ter emprestado ao governo, com pouco risco, pois, não sendo banqueiro, não tem amparo legal para aplicar "spread" em seu capital

7

de giro e sair emprestando no mercado a juros altos. Mas tua dívida acumulada no cartão de crédito foi para a estratosfera. É isso injusto? É, apenas na medida em que vivemos num mundo em que "não existe almoço grátis". As regras são essas. Cabe à pessoa informar-se, prevenir-se e fazer boas escolhas.

Consumo. Nas compras, qual deve ser minha melhor estratégia?

É difícil vencer o impulso de comprar tantos produtos irresistíveis que a indústria lança o tempo todo. Quem está acostumado a economizar e procurar as mercadorias mais baratas não tem esse tipo de preocupação. Dois fatos são sempre levados em conta: primeiro, produtos novos e muito procurados são caros porque são raros, como é o caso do "tablet" nos primeiros meses do lançamento, tendendo a baixar o preço com o aumento dos itens no mercado, e, segundo, a marca é um apelo psicológico, contra o qual a pessoa tem sempre de estar alerta. Sabe-se que indústrias de vinho e de vestimentas costumam usar duas etiquetas para um mesmo produto, uma para vender caro, para poucos, e outra para vender barato, visando atingir um mercado mais numeroso. Um psicólogo canadense publicou trabalho recentemente mostrando que pessoas que tomam vinho com rótulo de vinho caro acham o produto mais saboroso que as pessoas que tomam o mesmo vinho, mas que vem em garrafa de vinho barato.

Quem quer ser parcimonioso, pois, espera o preço baixar, enquanto continua usando seu produto antigo, e, ao se ver sob a tentação de comprar uma mercadoria cara, investiga se o mesmo item não está sendo oferecido ao lado sob um rótulo mais barato. Podes verificar isso nas gôndolas dos supermercados. O produto "de marca própria" costuma ser mais barato, pelas condições de compra ante o fornecedor. Entre dois pacotes de biscoito, um deles com a marca própria do supermercado e outro com um nome tradicional de marca de biscoitos, busca aferir o endereço da fábrica. Há casos em que o produto da marca tradicional apresenta um preço 50% maior que o da marca própria e ao olharmos na embalagem constatamos que os dois são fabricados no mesmíssimo endereço. Uma pesquisa de anos atrás mostrou que a preferência pela marca própria está na classe B, enquanto que as classes C e D preferem comprar as marcas tradicionais. Isso pode ter várias explicações, mas a primeira que se deve considerar é o nível de informação, que é, obviamente, maior na classe B que nas classes C e D, seja lá o que signifique essa escala.

O Ministério da Educação do Brasil decidiu no início de 2011 recomendar aos sistemas de ensino que introduzissem noções de matemática financeira em suas escolas de ensino médio, como tema "transversal", i. e., tema a ser explorado em várias disciplinas, mas não como capítulo específico. Apesar de louvável a preocupação do Ministério, a experiência que se tem com o trabalho em temas transversais não permite ter muitas esperanças a partir dessa recomendação. Mais vantajoso seria que o Ministério cuidasse de abolir o capítulo de juros simples dos livros ginasiais, e só sancionasse o ensino desse assunto como base para o trabalho com juros compostos, nunca para dar a entender que o capítulo de juros simples faz algum sentido quando estudado sozinho, como tema isolado, que é o que tem ocorrido há séculos na América Latina.

A ideia de juros compostos, que pode parecer árida e dura para muitos, tendo havido mesmo um grupo de políticos pretendendo proibir seu uso, através de lei, é consequência do entendimento que a sociedade obteve do funcionamento da moeda. Quando alguém te pede emprestado uma quantia, a juros mensais, no segundo mês já há um acréscimo em juros sobre o capital original da dívida, e esse acréscimo é crédito, confiado na mão do devedor, a menos que faça parte do acordo o pagamento a cada mês do juro produzido. Se esse juro continua lá, com o devedor, não há sentido em dispensá-lo do pagamento dessa parte do montante da dívida, porque, se ele estiver pagando esse juro mensal, estarás fazendo outras aplicações rentáveis com esse dinheiro, e se não estás fazendo isso, devido à ausência desse capital em tua mão, é ele, o devedor, quem está ganhando, desde que queira.

A alternativa ao uso dos juros compostos é a estipulação *ad hoc* da remuneração pelo aluguel do dinheiro por um prazo determinado, coisa que não se regula nem pela lei nem pelo mercado. Este é o sistema em vigor nos países islâmicos de regime teocrático. Não é algo que se deva invejar.

Capítulo 2 - Jogo

A outra situação em que a pessoa pode ser enganada pelos números é no gasto com jogos. A questão se esclarece com um conceito chamado de Esperança Matemática, também conhecido como "Expectância", por causa da forma inglesa "expectancy". Arriscas uma quantia no jogo várias vezes. O cálculo da Esperança mostra a média teórica dos teus ganhos. Supõe que passas um ano jogando na Mega-sena. Então a média de ganhos nesse ano será um prejuízo, muito próximo da quantia gasta, podendo ser arredondada para que fique igual a ela. A fórmula da Esperança é uma soma de produtos, multiplicações das chances de ganhar pelos valores dos ganhos, positivos ou negativos. Em cada semana, a Esperança será a probabilidade de ganhar (quase zero), multiplicada pelo prêmio, mais a probabilidade de perder (quase 100%), multiplicada pelo investimento feito.

Tomemos o jogo da Sena simples, em que o apostador tem de acertar seis números num total de 50. O número de jogos distintos que se deve fazer para cercar todas as possibilidades é maior que 15 milhões. Então a probabilidade de acertar o jogo com um cartão é de uma unidade dividida por aquela quantidade. É algo assustadoramente pequeno.

O jogo lotérico é, porém, menos danoso que aqueles jogos que demandam participação maior do jogador. Jogos como baralho, vídeo-pôquer e bingo são os que mais viciam, pois os resultados são imediatos e frequentes, ao contrário daquelas loterias com apuração semanal. Mesmo assim, se alguém sente que está caindo numa situação de vício por jogos lotéricos, deve começar a fazer cálculos e pensar nas chances quase desprezíveis de ganho que esses mecanismos oferecem. Caso não domine os processos de cálculos envolvidos aí, deve procurar um matemático, ou um economista, bom conhecedor do assunto, que lhe mostre quais são suas possibilidades de alcançar a "sorte grande". Esse profissional consultor, matemático ou economista, não pode ser uma pessoa que coloque a fé acima do conhecimento científico, que depende sempre de uma sadia dose de ceticismo.

Saldo. Com informação, como saio da dependência dos jogos?

O primeiro ponto é ter consciência de que se o jogo sustenta um negócio, por exemplo, uma casa de bingo, então ele tem de garantir ganhos muito maiores aos proprietários da casa do que aos clientes. A menos que haja um segundo ramo – bar ou salão de danças – acoplado ao negócio do jogo, o único lucro que entra na casa é a diferença garantida no saldo a favor dos donos. Supõe que estes queiram ser muito justos e armem o sistema de modo a dar chances iguais a eles e aos clientes. Se eles te derem chances iguais às que eles têm, então numa semana eles poderão pagar os aluguéis e garantir o salário dos empregados e na semana seguinte esta diferença estará a teu favor e os custos do negócio não serão pagos. A única maneira de não se correr esse risco é armar o jogo de modo a dar chances muito maiores de ganho ao organizador.

Pensa num jogo com investimento muito pequeno, como aquele em que o proprietário monta uma mesa na praça e mostra três conchinhas sob uma das quais ele esconderá uma bolinha. O apostador tem de acertar sob qual conchinha está essa bolinha. Supondo que o proprietário do jogo seja absolutamente honesto no cumprimento das regras (esquecendo que ele já foi desonesto ao montar essa banca na praça), então a probabilidade de acertares a conchinha é de um em três, enquanto a de errares é de dois em três, isto é, em cada lance ele tem 66,67% de chance de ganhar, contra 33,33% de chance de que o ganho seja teu. Vejamos a Esperança Matemática. Supõe que apostas 15 unidades monetárias – ele também casa 15,00 -. Então tua Esperança será: um terço multiplicado por 15 (ganho) mais dois terços vezes –15 (perda), o que dá 5,00 mais –10,00. Isto significa que tua Esperança num único lance é de –5,00, ou perda de 5,00. O jogo seria "pau-a-pau" se o proprietário casasse o dobro do que investiu o apostador, 30,00, já que a probabilidade de ele ganhar é o dobro. Neste caso, tua Esperança seria um terço multiplicado por 30,00 mais dois terços vezes –15,00, o que resultaria em zero. Mas só um sujeito muito bobo compraria uma mesa e levaria para a praça para fazer jogo justo para o lado do circunstancial apostador.

Equilíbrio. E se não há o investimento de um dos lados?

Se já estás convencido de que o jogo que tem um proprietário de um dos lados é prejudicial ao incauto que aparece como freguês (diga-se em favor do proprietário que ele está oferecendo uma diversão ao cliente, que deve pagar por isso), resta a situação em que os dois jogadores estão em pé de igualdade – por exemplo, pegando um baralho emprestado de um terceiro – e o jogo é realizado com probabilidades iguais para os dois lados. Mas dificilmente esse é o tipo de jogo que compromete a economia de um cidadão. Se ele perde sistematicamente por incompetência, é hora de olhar para trás e se convencer de que não faz sentido continuar fazendo esse papel de otário. Se ele joga melhor que o outro, ele ganhará muito mais vezes e o outro é que tem de tomar essa consciência. Se os dois jogam no mesmo nível, não há nenhum problema, a não ser a perda de tempo.

Capítulo 3 - Propaganda

Não só os juros altos e os jogos corroem a economia dos menos preparados. O apelo simples dos próprios produtos do mercado pode fazer isso se o cidadão não tem treino de parcimônia. E não é suficiente doutrinar os próprios desejos, mas também as vontades das crianças, sobre as quais a propaganda maciça nos meios de comunicação eletrônica dispara todas as baterias.

É o apelo propagandístico que faz o cliente comprar um produto que rejeitará em seguida. A decepção pós-compra tem um nome pomposo, pouco condizente com o significado, mas que é a expressão usual nos setores acadêmicos: "dissonância cognitiva". O objetivo da propaganda é convencer o potencial comprador das vantagens que ele terá por adquirir o produto, mas o freguês incauto pode-se imaginar beneficiário de vantagens que não serão realidade, em absoluto. Algumas pessoas compram computadores, encantadas com o que ouvem e veem sobre o uso do aparelho, mas têm, logo que começam a usá-lo, uma atitude de desprezo incorrigível pela máquina. Para evitar gastos inúteis nesse caso, basta o pretendente a proprietário do computador fazer um curso de um ou dois meses para aprender a manipulá-lo e testar sua compatibilidade com ele.

Um exercício necessário e importante a se fazer é experimentar teoricamente o uso da mercadoria que se pretende comprar. Se for necessária a experiência prática, então ela deve ser feita. Por exemplo, não se deve comprar uma bicicleta sem saber andar nela. Se a criança pede ao pai que lhe compre uma, o pai deve fazer com que a criança primeiro aprenda a andar de bicicleta, pois pode ser que o contacto real com o produto tire o encanto, fazendo com que a criança perca a vontade de adquiri-lo. Se vais comprar uma roupa nova, é necessário imaginar-te vestido nela, para veres se te sentes bem. Isso pode ser feito com quase todos os produtos usuais que se pretende comprar. É claro que, se tens recursos intermináveis, podes comprar qualquer coisa, sem preocupações com a "dissonância cognitiva". Mas não é desse caso que se está tratando aqui.

O erro oposto ao do esbanjamento é o da sovinice total. Castigar o próprio corpo e o próprio espírito apenas para guardar dinheiro não é uma virtude. As quatro virtudes cardeais, segundo Aristóteles, com base em Platão, são Justiça, Prudência, Fortaleza e Temperança (mnemônico: "Jusprufortem") e é justamente essa última que se refere a nossa relação com o dinheiro: não gastar nem poupar mais do que o razoável.

Supérfluos. Tenho sempre de rejeitar o gasto com supérfluos?

Há dúvidas sobre se um perfume caro é um bem supérfluo. Depende. Pode ser supérfluo para uma pessoa e ser algo essencial para outra. Um livro chamado "Fábula das Abelhas", que circulou na Inglaterra e é muito comentado por John Maynard Keynes em seu livro principal, Teoria Geral, procura ridicularizar a campanha pelo abandono das compras de mercadorias entendidas como supérfluas. O resultado de uma tal política é a derrocada econômica, pois parte substancial da atividade produtiva de um país gira em torno de bens nada essenciais à vida humana. Grandes volumes de riqueza são transacionados em negócios relacionados a pinturas valiosas, a caríssimos anéis de brilhantes ou a automóveis luxuosos que custam vinte vezes mais que um carro popular. Abolir esses negócios significaria lançar o Produto Interno Bruto do país numa situação de penúria. O desemprego atingiria proporções alarmantes, mais ainda se a medida abranger proibição das tradicionais casas de jogos e espetáculos normalmente incorporados à cultura da população.

Sabemos que para viver não é necessário satisfazer apenas as necessidades fisiológicas básicas. Os cidadãos precisam de atividades de cultura, lazer e informação. Precisam desenvolver laços afetivos e nutrir esperanças. Nas decisões sobre o usufruto desses prazeres que estão além das necessidades puramente animais entra o componente do grau de luxo que se deseja. Muito luxo pode apenas estar respondendo a uma necessidade de mostrar um *status* não condizente com o tipo de vida da pessoa. Mas luxo e vaidade não são um pecado capital, pois luxúria, que muitos julgam vaidade, refere-se, em termos religiosos, a abuso sexual. O luxo que merece condenação é o que se enquadra na noção de soberba, não do uso de bons produtos. O setor de publicidade e propaganda não precisa ter pruridos quando faz campanha pelo luxo sadio.

Valor. Os bens essenciais e mais necessários são mais caros?

O formulador da doutrina econômica moderna, Adam Smith, baseou suas conclusões naquilo que se costumou chamar de Teoria do Valor. Por essa teoria de Adam Smith, as mercadorias têm necessariamente duas formas de valor, que são o "valor de uso" e o "valor de troca". A discussão pertinente aí é que o valor de troca, expressado através do preço, não tem correlação alta com o valor de uso, tendo muitas vezes correlação negativa. Ele dá como exemplo dois produtos em que essa realidade é mais evidente: a água, com valor de uso altíssimo, mas pouco valor de troca, e o diamante, de baixíssimo valor de uso e valor de troca imenso. Normalmente, o que dá esse preço enorme para mercadorias com pouquíssima utilidade é alguma coisa que poderíamos chamar de valor de "status", ligado ao valor de uso. Isto é, o uso é praticamente desnecessário, mas confere um alto conforto egoístico ao proprietário do bem. Isso ocorre não só com uma joia cara, mas também com uma pintura célebre ou com um carro luxuoso. Muitas pessoas adquirem o produto e o guardam, não porque sintam o tal "conforto egoístico", cuja medida seria o valor de "status", mas porque agem "em Roma como os romanos", isto é, já que aquele bem tem alto valor de mercado, tê-lo é um bom meio de se garantir uma reserva de valor, um "hedge" ("couraça").

Capítulo 4 - Vícios

Quando uma dependência é um vício, o peso da crítica social sobre o indivíduo é muito maior do que em relação a qualquer outra dependência. Todos sabem que só uma grande dose de força de vontade será remédio para livrar a pessoa dessa situação. Ninguém deixará um vício a troco de nada. Essa força de vontade depende de motivação e esta deve estar alimentada por algum objetivo.

Tabaco. Além do risco à saúde, fumar traz mais desvantagens?

O vício de fumar é ainda o mais disseminado e a consciência sobre os perigos do tabaco surgiu em consonância com o advento da consciência ecológica. No século XVIII, o imperador Pedro I da Rússia, Pedro o Grande, depois de ter aprendido o hábito nos tempos em que morou na Holanda, empossado no trono russo obrigou seus conselheiros a aprender a fumar, porque achava que isso fazia parte da apresentação do homem civilizado. No terceiro quartel do século XX essa concepção se inverteu. Um homem dependente de tabaco passou a exalar a aura de um homem fraco, que não consegue dominar um vício feio, poluidor de ambientes, incinerador de capital e prejudicial à saúde. Já no último quartel do século XX, o hábito de fumar passou a ser um indicativo de que a pessoa não é uma liderança. O fumo indica uma pessoa dependente, portanto, não um líder. Um chefe pode fumar, um líder, não.

É por seu passado de sofisticação que o hábito de fumar consolidou-se como o mais inocente dos vícios. Embora a dor no pulmão e a dificuldade de respirar, em certos momentos, atinja todos os dependentes do tabaco, só depois de séculos é que a consciência do prejuízo que esse hábito trouxe à saúde fez-se disseminar.

Se for para substituir a tendência para fumar cânabis, ópio, craque ou outra droga mais pesada, certamente o tabaco ainda é recomendável. É possível viver até uma idade superior a 80 anos fumando 40 cigarros de tabaco por dia, enquanto que com essa quantidade de cigarros de cânabis o usuário sobreviveria apenas algumas semanas, quando muito. Obviamente, seria a única justificativa para o uso do tabaco, pois o pulmão de um fumante é uma peça muito triste de se ver.

Quando a pessoa para de fumar, precisa esperar alguns meses até que a nicotina seja expelida de seu corpo. Então, aos poucos é que ela vai percebendo as mudanças provocadas pela decisão, sendo uma das mais importantes a sensibilidade ao sabor dos alimentos. Quem fuma mais de dez cigarros por dia perde a chance de saborear um simples pimentão, quando não um chocolate ou uma omelete de queijo. O paladar fica prejudicado em pelo menos 50% de suas capacidades. Como ex-fumante, o indivíduo descobre, como se fosse pela primeira vez, o sabor convidativo e irresistível dos alimentos de sua preferência, e que ele nem notava antes.

Muitos voltam ao cigarro por causa desse fenômeno. Sentem-se incapazes de resistir à gula e, para parar de engordar, voltam ao tabaco, que funciona como anti-indutor gastronômico. Isso é uma prova de que a pessoa não tem força de vontade suficiente para se livrar da dependência tabagista, pois não foi capaz de parar e arcar com as consequências posteriores do ato, mesmo sendo essa uma consequência muito positiva. É necessário ter força de vontade para parar de fumar e para regular o apetite que surge depois. O segundo controle é mais fácil que o primeiro.

Aqui estão as dez desvantagens básicas do fumante em comparação com as outras pessoas:

1 – Enegrece o pulmão;
2 – Emagrece o bolso;
3 – Entope as veias;
4 – Amarela os dentes;
5 – Reduz o paladar;
6 – Vê-se rejeitado como poluidor de ambientes;
7 – Queima roupas do corpo e de cama;
8 – Perde a oportunidade de liderar;
9 – Deixa de cultivar a independência;
10 – Toma muito café.

Obesidade. Se sou obeso, poderei controlar essa condição?

Nós nos acostumamos, até os trinta anos de idade, a fazer três refeições diárias, ou, pelo menos, almoço e janta. O corpo dá conta de aproveitar-se apenas do necessário à sua manutenção e dispensar o resto. Mas para quarentões, a situação começa a se modificar. O corpo aprende a armazenar energia, como prevenção a uma possível escassez. Assim, três refeições diárias, bem compostas e bem usufruídas, podem levar a um processo contínuo de engorda que não tem mais volta. Para pessoas muito propensas a engordar, o hábito alimentar recomendável pode passar a ser o de ingerir alimentos sólidos num dia e, no dia seguinte, ingerir apenas líquidos, alternando-se assim, por exemplo, líquidos em três dias da semana e sólidos em quatro dias, ou vice-versa. Os líquidos podem ser sucos, sucos "detox", chocolates, chás, leites, caldos e sopas. Cerveja sem álcool também é muito nutritiva e, dizem os entendidos no assunto, só engorda quando acompanhada de petiscos ou outros alimentos sólidos. Quem não conseguiu abandonar o álcool, ou não viu motivos para isso, pode-se servir de cerveja alcoólica mesmo. Mas atenção: com álcool ou sem ele, cerveja é um composto de substâncias químicas que causam dependência. A dor nos rins, sentida por muitos dos que tomaram a bebida por muitos anos, pode ocorrer tanto pelo excesso quanto pela falta do produto.

Os médicos recomendam outras estratégias para os que têm propensão à obesidade. Uma das mais recomendadas é continuar com as três refeições diárias, sempre na hora certa, mas com redução substancial do volume a ser ingerido. Este é um caminho difícil, que tem levado muita gente a fazer a triste operação de estômago, para diminuir o tamanho do órgão receptor dos alimentos engolidos. É que, sentindo ainda o cheiro da comida, não é fácil parar nos 400 mililitros quando se está acostumado a comer 600 mililitros. Melhor é não sentir o aroma. Contudo, o problema pode ser resolvido com rígida disciplina.

Pesquisas do Hospital das Clínicas de São Paulo mostram que apenas 6% dos obesos chegaram a essa condição por problemas glandulares. Os outros 94%, por mais que isso desaponte uma quantidade grande de gordos, estão além do peso ideal por problemas puramente comportamentais. Para a quase totalidade dos obesos, não há mais a desculpa de que seu problema é de disfunção metabólica. Mas exatamente aí deve estar a esperança: basta mudar de atitude.

Um obeso é alguém que está carregando reservas de gordura para onde quer que vá. Com isso, uma das desvantagens é o cansaço que isso traz. Subir ladeira caminhando passa a ser um grande sacrifício. Quando ele sonha que está voando, neste sonho ele voa com a barriga quase arrastando no chão. O voo não consegue decolar, a menos que ele já esteja absolutamente conformado com a obesidade.

Mas conformar-se com uma situação que não seja saudável é lamentável. Certamente, a obesidade não é uma doença, mas tampouco é um estado ideal. Isso não justifica o preconceito contra os gordos (nada justifica preconceito, no fim das contas), principalmente pelo fato de não sabermos se o gordo que está à nossa frente faz parte dos 6% das vítimas de problemas glandulares. Mas sabemos, ao mesmo tempo, que a probabilidade de esse obeso estar nessa condição por deficiência comportamental (desleixo) é imensa, de mais de nove chances em dez.

Antes que o médico ordene, portanto, o obeso deve começar a se informar sobre o balanceamento de sua dieta. Muitas vezes o problema surge de simples falta de informação. Ele deve se abastecer de queijo pela manhã, para fazer adormecer seu apetite voraz nas refeições seguintes. Deve reduzir drasticamente a ingestão de amidos e carboidratos, como arroz, batata e os derivados de trigo, pois eles são veículos para o transporte de gordura para o corpo. Doces sólidos com muito amido, assim como os sorvetes, são o outro grande perigo. Cada pessoa adulta deve descobrir seu padrão alimentar com vistas à manutenção do peso, uma vez atingida a massa corporal saudável. Para muitos, bastará o almoço diário, sem nunca jantar, a não ser em ocasiões especiais. Para outros, bastará o café da manhã, com ingestão de líquidos à tarde e à noite. Outros, ainda, tomam apenas o café da manhã diário, mas, como Dom Quixote, almoçam uma vez por mês. E uns outros tantos, portadores de melhores bactérias no ventre, almoçam uma vez por semana. Cidadãos que, depois dos 35 anos, podem almoçar e jantar diariamente sem aumentar de forma lenta e paulatina o diâmetro corporal, esses fazem parte de uma pequena minoria.

Jejum. Se sou obeso, devo manter refeições diárias regulares?

A antiga prática do jejum, de antigas religiões orientais e ocidentais, pode ser retomada sob um novo prisma, o do jejum solidário. Se grande parcela da população passar dois dias por semana sem ingerir alimentos sólidos, o preço desses alimentos cairá nos mercados num primeiro momento, e eles serão mais acessíveis às pessoas de baixo poder aquisitivo. Muita gente que tenta fazer jejum desiste depois porque passa mal, sofre tonturas ou coisa do tipo. Mas isso se resolve facilmente com a ingestão de gordura, juntamente com os líquidos, ou de forma prévia. Por exemplo, o leite deve ser com manteiga. Na preparação do leite em pó a gordura é retirada antes, na fábrica, e, então, quem preparar leite a partir do leite em pó pode acrescentar manteiga a ele (antes disso, o leite integral é facilmente solúvel quando misturamos açúcar, ou sal, antes de pôr a água; ingerir líquidos com açúcar é importante para aguentar o dia de jejum, mas quem tem hiperglicemia precisa procurar outros caminhos, e deve usar muito chá de carqueja, canela e folha de pata-de-vaca). Além da manteiga líquida, uma colherinha de azeite de oliva é suficiente para engordurar as paredes do esôfago e do estômago, prevenindo assim o organismo de levar a pessoa àquelas sensações de mal-estar que muitos experimentam quando passam muito tempo sem comer. O líquido que deve ser evitado quando o estômago está vazio é a limonada, ou algum outro suco feito com fruta muito ácida.

Com jejum não se perde nada a não ser massa corpórea? Há um custo, sim. No dia seguinte ao jejum, a pessoa deve evitar o sexo, porque terá pouco usufruto. O prazer não será compensador. Mas, assim como os alimentos sólidos não devem ser diários, tampouco o sexo deverá ser. Outro cuidado deve ser com o hálito: quem faz jejum só à base de água fica com hálito de quem está sendo roído por dentro, o que é verdade, conforme a demonstração feita por Claude Bernard, de que quando não se ingerem proteínas extraem-se as proteínas do próprio corpo.

Os que resistem à ideia de fazer esforço para emagrecer devem pensar primeiro nos ganhos que traz a atitude de reduzir a quantidade e a frequência da ingestão de alimentos. Acostumar-se a comer menos leva à redução do peso e também à economia de tempo e dinheiro. As vantagens financeiras são grandes. Se o obeso mudar seus hábitos alimentares e, por exemplo, passar a almoçar apenas três vezes por semana, sobrarão quatro horas de almoço, que serão dedicadas ao lazer ou a algum trabalho útil. O jejum é também um ótimo remédio natural contra a hipertensão.

Recordando, os cuidados na prática do jejum devem ser:

1 - Abster-se de alimento sólido, do despertar até o dormir;
2 - Evitar limão ou limonada;
3 - Ingerir líquidos com açúcar e líquidos com gordura;
4 - Limitar a ingestão diária de líquidos em 1,5 litros;
5 - Cuidar do hálito;
6 - Dispensar a prática sexual no dia seguinte.
7 - Estar bem disposto, sem ar abatido (recomendação religiosa).

Índice. Como saber se meu peso está adequado ao tipo físico?

Com uma nova prática alimentar, adequada à manutenção de um sadio índice de massa corpórea (o índice, I_{mc}, deve variar entre 18 e 25, e é calculado dividindo-se o peso da pessoa, a massa m em quilogramas, pelo quadrado da altura h, h em metros; quem pesa 64kg e mede 1,60m, divide 64 por 1,60x1,60, i. e., 64 por 2,56, obtendo 25 como resultado, tendo neste caso o limite superior da faixa sadia de massa do corpo). As crianças fazem refeições três vezes ao dia e usam as substâncias retiradas dos alimentos e acrescentadas ao corpo para continuar seu processo de crescimento. Os quarentões que fazem fartas refeições três vezes ao dia, crescem para os lados, logaritmicamente, a menos que sejam daqueles poucos privilegiados que possuem mecanismo interno de eliminação de gorduras excedentes.

Álcool. Ingerir destilados é menos grave que fumar?

Embora a obesidade não seja um vício (vício: oposto de virtude), ela foi tratada logo depois do tabagismo por causa da ligação que tem com aquele problema. Mas voltemos nossa lanterna sobre o outro vício provocado por droga lícita, o alcoolismo.

O tabagismo sofreu uma perseguição desmedida nos últimos tempos, recebendo uma carga muito maior de ataques que o alcoolismo, sendo este um vício mais danoso. Trata-se, no entanto, de uma mera circunstância histórica. O que ocorre é que o ataque ao álcool na primeira metade do século foi incomparavelmente mais pesado que o desferido contra o cigarro. E o tiro saiu pela culatra, quase que literalmente. Foi o período da famosa "lei seca", nos Estados Unidos. A proibição ao comércio do álcool levou ao mercado clandestino da bebida e ao enriquecimento brutal dos gângsteres, os únicos que se arriscavam a negociar com a mercadoria. O pior é que a atratividade do "elemento proibido" levou, por efeito reverso, à disseminação do alcoolismo, não à sua redução, como se pretendia.

Essa experiência negativa fez com que os governos passassem a atacar o problema da bebida apenas com campanhas de recomendação, ou proibição de venda no varejo para menores de idade.

Quando se decidiu intensificar a luta contra o tabagismo, ninguém cogitou de proibir a venda de cigarros, o que fez com que a campanha tivesse efeito muito mais positivo que a "lei seca". Mas há outros aspectos. Enquanto o fumo é algo mais espalhafatoso, o álcool é, socialmente, muito mais discreto, embora tenha resultados muito mais danosos para a saúde do usuário e para sua família. No restaurante, se há um cidadão bebendo uísque e, alguns metros além, há um outro fumando, é o cheiro da fumaça do último que incomoda os presentes, não o do uísque. Além disso, quem entra no restaurante, vê a fumaça, não vê o uísque. O cigarro perde para o álcool no incômodo ao sentido do olfato e ao sentido da visão.

Mas dificilmente o cigarro faz o cidadão perder o emprego que ele já tem. Dificilmente o fumante é expulso de casa pela esposa só por ser fumante. Pois essas duas desgraças são muito comuns entre os alcoólicos: perda do emprego e perda do convívio familiar. As duas perdas levam a uma quarta tragédia: a mendicância (a primeira tragédia foi o ingresso no vício da bebida).

Uma quinta tragédia intermediária faz parte da vida do que se entregou ao alcoolismo e esta deveria ser a mais divulgada: a perda do apetite sexual. Não se trata de impotência, o que ilude o bebedor, mas de perda de sensação. Assim como o fumante prejudica seu paladar, o alcoólico prejudica seu desempenho sexual por reduzir a sensação do sexo. E todos sabem que o sentido da vida sexual está na sensualidade, muito mais que na ação mecânica.

O alcoólico, além de perder a sensibilidade sexual, passa a apresentar uma incorrigível e insaciável carência afetiva. Esses dois efeitos, inapetência e carência, manifestam-se durante a ressaca, embora o segundo efeito já se faça presente no mesmo dia da bebedeira.

É difícil saber o que pesa mais na expulsão que a esposa promove contra o marido alcoolizado, se a inapetência sexual, a carência incorrigível ou a perda do emprego.

Os bebedores incipientes devem sempre pensar na tragédia final como algo tenebroso: mesmo quando vivendo na sarjeta, pedindo esmolas para beber, o alcoólico sente-se incapaz de trocar a bebida pela volta ao emprego, ao asseio e à vida familiar. É que a capacidade de tomar consciência ficou lá atrás. Quanto mais a dependência do álcool invade o cidadão, menos capaz ele será de tomar alguma decisão positiva para sua vida.

Até chegar a essa situação de quase impossibilidade de retorno, a crença do alcoólico é de que ele não é dependente. Mesmo quando ele é expulso de casa, ele ainda se julga um não-dependente de álcool. Ora, só não é dependente quem toma uma dose de álcool uma vez semestre, no máximo, e nunca dependeu da bebida. Obviamente, quem nunca experimentou, também não o é.

Os bebedores costumeiros de fim-de-semana são, portanto, os candidatos preferenciais à vaga de dependentes patológicos.

Os países islâmicos proíbem a comercialização de bebidas alcoólicas. É uma vantagem em relação ao resto do mundo. Nos países de cultura cristã, a invenção da bebida destilada em 1498 (ano da primeira destilação do uísque na Inglaterra) poderia ter desencadeado o entendimento de que o costume de se embriagar mudaria de natureza a partir dessa época. Mas tal não se deu. Algumas igrejas protestantes proibiram bebidas alcoólicas de qualquer tipo entre seus fiéis, mas isso foi insuficiente para influenciar a cultura ocidental. A diferença de letalidade do vinho e da cerveja em comparação com a bebida destilada é, *mutatis mutandi*, aquela existente entre o canivete e a metralhadora. Teria havido uma grande mudança se o Vaticano tivesse tomado uma providência, se os cardeais tivessem tomado consciência do poder destrutivo dos destilados perante a sociedade dos povos cristãos. Como isso não ocorreu, e não se vê perspectiva de que ocorrerá nos próximos tempos, segue havendo essa grande perda para os povos "da cruz", em comparação com os povos do crescente.

Como a Igreja de hoje não tem mais o poder secular, é dos governos que se deve exigir providências. E, como a experiência mostrou, a proibição total dos destilados gera uma situação mais desastrosa que a vigente. Assim, é a restrição ao mercado dos destilados, não a proibição, o que precisa ocorrer. Um primeiro passo pode ser a proibição da venda a retalho, nos bares, restaurantes e quiosques. Isso faz com que esse veneno tenha seu acesso dificultado, e não vedado. Quem quiser beber uísque ou conhaque, precisará comprar a garrafa cheia, no supermercado, e não terá uma mesa de bar para acolher a bebedeira. Os bares perderão um pouco do lucro, pois venderão as bebidas fermentadas, mas não as destiladas. Em compensação, o proprietário do bar não terá de jogar água no bêbado para expulsá-lo no final do expediente. Outras formas de dificultar o comércio dos destilados podem e devem ser experimentadas, sempre sob a preocupação de que não se deve chegar à proibição total. Por exemplo, se não se quiser proibir para todos os tipos de clientes os destilados vendidos em doses, proíbe-se sua venda para maiores de 21 anos, mostrando-se assim que só aos que ainda não têm a idade da responsabilidade faculta-se abertamente a compra desse produto, para dar a entender que beber destilados é coisa de garotões, não de cidadãos adultos. Além do mais, a destruição dos órgãos vitais, com a consequência da morte anunciada, costuma ocorrer aos que chegam aos 27 anos, bebendo desde a adolescência. Se o limite for estabelecido em 21 anos, não haverá sequela no corpo do jovem, e não se chegará ao estágio do alcoolismo doentio. Antes de 1498, bebida alcoólica era alimento, pois vinho e cerveja eram líquidos usados há muitos séculos para acompanhar refeições. Depois dessa data, com a invenção dos destilados, o ato de beber passou a ser algo isolado, com sentido em si. A pessoa vai ao bar só para tomar um conhaque, por exemplo, ato que leva, com sua repetição, à destruição do fígado, porque o líquido ingerido é um veneno de ação lenta. E se está bem claro que o destilado é um veneno, não há sentido na permissão de que os bares e restaurantes o comercializem a retalho, nos seus balcões ou nas suas mesas, em doses medidas nos cálices. Na realidade, bares e restaurantes jamais deveriam vender destilados em nenhum tipo de embalagem.

Para se restaurar uma sociedade livre da doença do alcoolismo, deve-se, com o passar do tempo, buscar a volta da ingestão das bebidas fermentadas apenas para acompanhar refeições ou para os momentos de festas, tirando-se delas o condão de justificar o ato de beber por beber, que surgiu por causa dos destilados. Isso porque a ingestão de grandes quantidades de líquidos em dias seguidos é insalubre. A recomendação de que se deve ingerir dois litros de líquido por dia era infundada, e já vem sendo combatida. Mais de cinco copos diários de líquidos no corpo provocam excesso de água no organismo, já que dificilmente uma quantidade maior que essa é excretada de forma natural. O excesso é expelido pelo corpo em forma de suores, quando possível, o que não é nada bom para os pés ou para a genitália. É esse excesso de água que faz com que muita gente apresente com frequência queimaduras nas coxas. A hidropisia mórbida exige mais que isso, mas uma quantidade exagerada e persistente de água no corpo não deixa de ser uma forma de hidropisia.

Em estágio avançado de alcoolismo, o indivíduo que procura se tratar deve buscar acompanhamento no sistema de saúde, para que lhe sejam ministrados os medicamentos adequados, pois o corte abrupto da bebida pode levar à morte em alguns dias, e o corte paulatino é algo que exige uma força de vontade hercúlea. Obviamente, quem não está tão dependente a ponto de beber destilados várias vezes ao dia, sendo capaz de pular dias sem a ingestão de álcool, pode estancar a bebedeira sem problemas. E a maneira certa de parar com um vício é abandonar radicalmente o objeto do desejo.

Uma vez que a pessoa se acostume sem a bebida, por exemplo, depois de dois meses sem ingeri-la, torna-se absolutamente temerário voltar a beber. O motivo é simples: o corpo se adapta à nova situação, e fecha-se à possibilidade de voltar a ser massacrado com o recebimento das doses diárias do veneno. Não há mais abertura para a volta ao vício e, em grande parte das vezes, insistir na retomada é fatal. Mesmo que continue vivo, o indivíduo apresentará sintomas mais visíveis e preocupantes de seu alcoolismo, como é o caso das tremedeiras. Essa suscetibilidade também ocorre diante do cigarro, pois muitos fumantes que param de fumar desenvolvem forte rejeição à nicotina, sendo atacados por taquicardia noturna quando aspiram a fumaça do cigarro alheio em certa altura do dia.

Várias desvantagens podem ser identificadas para o indivíduo alcoólico, algumas delas já mencionadas nos parágrafos acima. Como no caso do fumante, há também aqui uma relação das dez desvantagens básicas:

1 – Solidão - Amanhece com incorrigível carência afetiva;
2 – Abandono - O cônjuge não aguenta a bebedeira e um dia o expulsa;
3 – Anestesia - Perde a sensação do sexo no dia seguinte à bebedeira;
4 – Perdas - Gasta muito sem perceber, como no jogo;
5 – Descontrole - Passa a sofrer de disritmia cerebral e dislalia;
6 – Enfermidade - Fragiliza fígado e corpo, atraindo doenças;
7 – Descrédito - Perde a credibilidade;
8 – Acidentes - Não pode (nem deve) dirigir, por causa dos acidentes;
9 – Desemprego - Tem chance maior de perder o emprego;
0 – Alheamento - Fica vulnerável aos golpes.

Semiologia. Há sinais para o avanço da doença do alcoolismo?

Se os sintomas comuns observados pelo fumante dizem respeito, quase sempre, ao funcionamento dos pulmões, com dificuldades na respiração, dores no peito e aspiração que não se completa, no caso do alcoolismo, o órgão mais atingido é o fígado e a semiologia aparece na pele, que começa a ficar esbranquiçada e a se descascar. Isso ocorre primeiro com a pele da mão, que passa a pipocar, e depois de algum tempo é que atinge o restante da pele do corpo. Nem todas as pessoas têm esse mecanismo de alarme funcionando com perfeição. Por isso, não faz sentido esperar que a mão se descasque para então começar a preocupação com a saúde abalada pelo álcool.

É notório num certo bairro de São Paulo o caso de um certo cidadão, o senhor Sílvio, que já apresentava esses sintomas de pele, quando recebeu para trabalhar junto com ele, em seu pequeno negócio particular, seu filho, que havia sido expulso de casa pela esposa. Sendo a bebida agora compartilhada pelos dois, o uso aumentou e em pouco tempo o senhor Sílvio faleceu. Nessa altura o filho já começava a apresentar aqueles sintomas. E em mais dois meses, morreu também.

A lição que se pode tirar dessa tragédia é que um pai tem muito pouca chance de desviar o filho do caminho do vício se ele mesmo não tem força de vontade para livrar-se a si próprio.

Insensibilidade. Para o alcoólico, é vantajoso não ter sintomas?

É importante lembrar sempre que a ausência de sintoma não traz nenhuma vantagem ao indivíduo que abusa dos vícios. O que vale é o contrário disso. Nos primeiros meses do uso do cigarro, ou do uso do álcool, é muito comum a pessoa sentir tontura. Com o cigarro, é algo garantido na primeira tragada. Com o tempo e com o costume, esses sintomas desaparecem, i. e., desaparece a sensibilidade do corpo a elementos estranhos que o estão agredindo. Longe de isso representar algum ganho, o que se pode entender aí é que o bandido não precisa mais arrombar a porta para entrar na tua casa, porque agora ele já sabe entrar sem fazer nenhum barulho, já que está tudo relaxado. Mas os assaltos continuam, e agora com mais sutileza e mais facilidades para teu inimigo. Muitos zombam das pessoas que já viram fantasmas, achando que o fato de nunca terem visto um representa uma superioridade. Muitos zombam dos que podem ver a aura dos seres vivos, achando que a incapacidade de ver isso é que representa uma garantia de sanidade. Este autor nunca viu a aura de ninguém, mas não duvida de quem diga ter visto alguma, porque a fotografia Kirlian veio mostrar que ela existe, não só nos animais, mas também nas plantas. Nenhum ser humano pode ter todas as capacidades, mas não se deve ver como algo positivo perder as capacidades já identificadas, como é o caso da sensibilidade ao álcool. Se uma pessoa bebe e fica tonta por muitos meses e, de uma hora para outra, vê-se bebendo muito sem apresentar esse sintoma, deve ver isso como motivo de tristeza, porque ela acabou de perder um poder que seu corpo detinha.

Café. O simples hábito de tomar café pode se tornar vício?

O vício mais inocente de todos é o de tomar café. Nos velhos tempos era bebida reservada a horários de fim de tarde nos "pabes" ingleses ("pubs"). Mais tarde, as esposas, cansadas de esperar pelas chegadas dos maridos, que cada vez mais esticavam o tempo de diversão naquelas casas, decidiram comprar o pó e preparar a bebida em casa, para que os maridos não mais precisassem gastar nos bares. A ideia funcionou. E o vício foi trazido da rua para o lar.

Para a grande maioria dos usuários, o costume de tomar café nunca chega a causar dependência, apesar de ser hábito diário. Mas uma pequena percentagem de seres humanos desenvolve uma ligação quase indissolúvel com essa bebida. Há, por exemplo, pessoas que são tomadas de enxaqueca duas horas após o almoço se em seguida a ele não ingerem uma xícara de café.

Na Inglaterra foi identificada uma doença estranha e rara, no século XIX, causada pela ingestão de café. Uma mulher, dependente do líquido, foi ficando com a pele cada vez mais escura, até morrer por causa do problema. O medo é que aquela passasse a ser uma doença comum, que aquele fosse apenas um primeiro caso de uma série, mas tal não ocorreu. O fato ficou como uma grande e trágica esquisitice.

Hoje, muitos estudos apontam propriedades de efeitos tanto positivos quanto negativos na cafeína, a substância ativa do café, de resto, presente como componente dos refrigerantes de tipo "cola". Sabe-se desde o início do costume de bebê-lo que é estimulante e que, nas pessoas suscetíveis, provoca insônias frequentes. Os insones crônicos são as pessoas para as quais o hábito de tomar café constitui-se num martírio injustificado. Parar de usar o café pode não ser uma medida suficiente para trazer a cura da insônia, mas que reduz a incidência é inquestionável. Uma pessoa que tem insônia sempre quando toma café, depois de parar com o costume terá insônias muito raras. Mas quem tem esse problema e não quer ficar sem o prazer de saborear uma aromática xícara diária de café, está aí hoje nas lojas o café descafeinado para resolver o problema. Ele, aliás, até ajuda para fazer chegar o sono.

Narcóticos. Aos drogados, convém tratar, ou deixar à vontade?

Além das três drogas lícitas mais usuais, álcool, café e tabaco, há um número bem maior de drogas proibidas, por terem efeito mais acentuado sobre a saúde ou o comportamento. A pressão pela liberação do comércio daquelas menos danosas é injustificada, pois aqueles que as buscam por não se satisfazerem com as lícitas, seguramente buscarão coisa pior se, por exemplo, a cânabis for liberada completamente.

Também a liberação de alguns locais, como ocorreu em certos países europeus, carrega a desvantagem de atrair para o território livre muito mais gente dependente das drogas do que aquilo que se imagina de início. Mas as transações "B2B" (negócio a negócio), entre produtores legalizados e as universidades, hospitais e centros de pesquisa, são uma necessidade, uma vez que não faz sentido existir um comércio subterrâneo, imbatível, ao qual só se tem acesso por meios ilegais, a menos que fosse algo absolutamente imoral, como o comércio de órgãos humanos para transplantes. Como o poder público precisa das drogas ilícitas para pesquisa e tratamento de dependentes, e a existência delas não é algo mais chocante que a de qualquer outro veneno, o que os governos devem incorporar no seu modo de enfrentar o problema do narcotráfico é essa economia oficial paralela. Assim, aqueles que se tornaram dependentes do produto poderão ter o amparo do sistema de saúde em seu tratamento, livrando-se da dependência dos comerciantes ilegais.

Mas como uma pessoa pode ajudar sua família por livrar-se da dependência das drogas? Sim, é preciso ter força de vontade, mas esta não pode se sustentar sobre o nada. Um importante compositor popular brasileiro tem uma receita poderosa: constatação de maturidade. O usuário deve chegar à consciência de que não é mais criança para continuar sendo conduzido por outros que se julgam mais sábios. É fato que está implícito neste raciocínio que os vícios são irresistíveis para a rebeldia dos adolescentes. Daí, à sociedade adulta, principalmente ao governo, cabe dificultar o acesso da garotada às drogas destrutivas. Até algumas décadas atrás, a dificuldade era conseguir tabaco, os "cigarros com filtro". Fumar cigarros era mostra de rebeldia e pseudo-independência. No início do século XXI, os cigarros passaram a ser altamente acessíveis e, então, a atrativa procura de risco dirigiu-se para a cânabis. Então, em vez de dizer "não use isso perto das crianças", o mais produtivo é pregar "não use isso perto dos adultos, que já passaram dessa fase". Quem quiser parecer adulto e independente terá de se livrar das drogas.

Neste ponto, é importante ter-se em mente que uma pequena parte das pessoas dependentes de drogas representa um caso patológico no universo dos usuários, pessoas que sofrem de incontrolável pulsão pela autodestruição, o impulso de morte (tânatos). Estas normalmente não conseguem livrar-se das drogas sem tratamento clínico e internação.

Como agravante da situação, os adolescentes de agora, do início do terceiro milênio, muito mais que os do século passado e os de outras épocas, têm uma grande certeza de que suas ações no mundo não têm nada a ver com os outros, de que não são influenciados nem influenciam. Para as autoridades que lidam com jovens, é inútil esperar destes que tenham esse tipo de consciência, a consciência da repercussão das próprias ações e da passividade comprometedora frente às ações alheias. Quando é necessário agir para livrar os jovens de certos assédios, não se pode contar com a aquiescência dos prováveis beneficiários da medida. Em sua imensa maioria, eles se acham absolutos. Por exemplo, um adolescente que tenta o suicídio hoje tem plena convicção de que sua atitude vem de sua própria vontade isolada, independentemente do comportamento dos seus próximos, da conquista que ele não obteve, da vaga que não conseguiu ou do apoio que não lhe deram. Qualquer psicólogo, mesmo o iniciante, sabe que ninguém se suicida por se achar muito amado, muito apoiado e muito compreendido (descartando-se os possíveis casos de auto-eutanásia dos doentes em estado de sofrimento insuportável). Mas não é isso o que a imensa maioria dos adolescentes de hoje acha. Buscar internar um adolescente dependente de drogas e esperar sua compreensão, portanto, é querer demais.

E ainda há os adultos liberais que lutam para garantir o direito de autodestruição dos indivíduos. Ultimamente ressuscitaram um termo cômico com o qual acusam as autoridades que tentam interferir na vida dos milhares de dependentes de drogas que se acumulam em bairros específicos do centro das grandes cidades: chamam essas autoridades de "higienistas". Como esses acusadores veem os drogados como lixo, imaginam que quem busque sua internação compulsória está "varrendo" pessoas das ruas, daí fazerem aquela acusação. Não admitem que o que ocorre é que essas autoridades têm visão contrária, que considera o dependente uma pessoa, com possibilidades de recuperação. Se esses liberais "radicais" não querem que os dependentes sejam levados para tratamento, querem exatamente que eles se exterminem, pelo uso continuado das drogas, e que logo sejam sepultados como indigentes. Então se não veem nesses prejudicados lixos presentes, veem-nos como lixos potenciais. Mas, pelo efeito freudiano da projeção, acusam da prática de "higienismo" os que querem restaurar a dignidade humana desses dependentes. O Dr. Oswaldo Cruz e o Dr. Drauzio Varela, em séculos diferentes, sofreram tais ataques.

A lei, aliás, apresenta dificuldades à internação compulsória dos dependentes de drogas, com base no princípio da liberdade de ir e vir e no princípio da autonomia da pessoa. Mas é necessário lutar por uma mudança de interpretação. Se alguém experimentou certa droga pesada com o propósito de conhecer, então sobre ela essa interpretação que se faz da lei é muito válida, embora não seja nada sensato ficar fazendo experiências com heroína ou outra droga pesada só para "conhecer". Mas quando uma pessoa prejudica a própria saúde ou passa a causar problemas aos familiares por estar dependente do uso de drogas ilícitas, mesmo daquelas cuja ilicitude vem sendo muito questionada, essa pessoa já perdeu a capacidade de autodeterminação, ao contrário do que ela mesma costuma dizer. Quanto mais ela afirmar que é dona do seu nariz, mais dependente e mais doente ela está. No momento em que ela ceder, avisando que não tem mais condições de tomar decisões e que precisa de ajuda e de tratamento, então ela iniciou o caminho da própria cura.

Furto. Um objeto furtado tem o mesmo valor que tinha antes?

Dos praticantes desse tipo de delito, uma pequena parte o faz por impulso patológico, a cleptomania. Outra parte, que se julga ser bem maior, faz isso por deficiências educacionais ou por frouxidão moral. Nestas situações, a pessoa estará já no caminho de corrigir suas atitudes se já ganhou consciência da importância e da necessidade da mudança. No dizer popular, "meio caminho já foi andado".

A primeira consciência é de que a defesa do patrimônio por parte de quem já o detém é uma das coisas mais exageradas que existem na sociedade e é completamente desproporcional em relação ao significado. Como exercício, supõe um indivíduo de vinte anos de idade, formado no colegial. Só na formação desse rapaz pesa um investimento de pelo menos 1500 gramas de ouro. Agora, imagina esse rapaz roubando um relógio de cinco dólares de outro cidadão em praça pública. Por causa disso, alguém dá um tiro no ladrão e mata-o. Quantas pessoas por aí não morrem por um relógio que parece caro sem ser? Noutro caso, um engenheiro cuja formação custou vários quilos de ouro morre por resistir a um ladrão que quer roubar seu telefone celular de oitenta dólares (cerca de seis gramas de ouro). Que desproporção entre o valor da vida do engenheiro e o valor desse patrimônio!

Esse apego, que faz com que a valorização do patrimônio seja muitíssimo superior ao valor de troca do bem em questão, tem um fundo psicológico muito bem sedimentado nas pessoas e todas as tentativas históricas de vencê-lo foi praticamente em vão. A mais notória foi a da comunidade cristã primitiva, dirigida pelo apóstolo Pedro, em que não havia propriedade particular de nenhum bem a não ser as próprias roupas – não existia ainda escova de dentes. Aquela prática, como sabemos bem, não se incorporou na sociedade cristã das gerações seguintes, restando, embora, um desprendimento que não teríamos sem aquela experiência radical de nossos ancestrais.

Daí, a primeira informação que deve ser introjetada pelo indivíduo que é vítima do costume de furtar é essa de que o objeto que para ele tem no exato momento do furto um valor **y**, para seu proprietário tem valor psicológico **y** elevado a 10 – não **y** vezes 10, mas **y** multiplicado por si mesmo dez vezes -, por exemplo.

Quando o "amigo do alheio" pensa em "furtar a bicicleta daquele garoto", deve levar primeiro em conta que para ele, que não é dono, aquilo é uma simples bicicleta, mas para o garoto, proprietário, tem o valor de um carro Mitsubishi novinho em folha.

Outro aspecto é o do transtorno causado pelo viciado no furto. Numa escola de mil alunos aparece de vez em quando gente com esse tipo de problema. Furta uma carteira aqui, um livro ali, um celular acolá. A impressão que a comunidade escolar tem é de que existem dezenas de gatunos circulando pelos corredores, quando na realidade é apenas uma pessoa.

Dois casos emblemáticos ocorreram numa escola muito pacata de ensino médio de São Paulo em que estudavam dois mil alunos. Uma aluna começou, de um momento para outro, a furtar objetos e dinheiros dos colegas. Depois de muita investigação, os próprios colegas chegaram a um nome. Não foi necessário chamar a pessoa e dar nenhuma reprimenda, pois para a solução do problema bastou a comunidade deixar claro que já sabia de quem se tratava e que esperava apenas pegá-la em flagrante para que uma atitude dura viesse a ser tomada. Os furtos pararam por aí, mostrando que não se tratava de um caso doentio, que demandasse internação.

O outro caso da mesma escola ocorreu com a namorada do filho de uma empresária famosíssima. Era uma escola estadual e esse namorado vinha pegar essa aluna no final do período com carros luxuosos e variados, despertando inveja e revolta nos rivais. Eram vários carros diferentes na mesma semana. Um dia descobriram que essa menina, juntamente com uma sua colega, praticava furtos frequentes nas classes durante os intervalos de aulas. Os quase setecentos alunos daquele período entraram em conflagração na tentativa de linchar a garota. Só com muita habilidade dos professores foi possível salvá-la, através de um fundo falso que a escola possuía na época, uma porta de fundos que não existe mais nos dias de hoje, e que era do desconhecimento do corpo discente. Teria havido, sem isso, a primeira morte por linchamento naquele colégio só por causa de alguns trocados furtados aqui e ali nos intervalos, por parte de alguém que os alunos consideravam "burguesa arrogante".

Roubo. O sistema prisional atual regenera o ladrão?

Quando alguém comete furtos, espera proteger-se no anonimato. É uma forma envergonhada e prudente de apropriação de bens alheios. O que comete roubos, diferentemente, já ultrapassou a fase da discrição e enfrenta agora suas vítimas em delito de corpo presente, embora muitas vezes com a cara coberta. O assaltante é alguém que trocou a religião do apóstolo Paulo pela "religião" do Conde de Shaftesbury (*Inquirição sobre a virtude* – 1699) e decidiu confrontar a sociedade jogando com a própria vida (a diferença entre as duas religiões é que, na primeira, "é necessário que este corpo corruptível se revista da incorruptibilidade", enquanto que, na segunda, em estado de natureza o homem "é essencialmente bom"; o que representa o embate entre a crença no "lobo do homem" – que precisa ser domado – e a crença no "bom selvagem" – que caminha para a corrupção). Certamente, alguma pessoa mal intencionada fez chegar às mãos do potencial assaltante aquele revólver com que ele agora pratica assaltos. Aquele que lhe entregou a arma não é, porém, a sociedade. Tampouco aquele que a fabricou. Achar que isso é a sociedade é confundir o calo com o pé.

A tristeza para o praticante de roubos é que ele, na situação em que chegou, está muito mais distante da regeneração que o praticante de furtos. Mas a confiança, a fé e o apoio das pessoas queridas são o remédio milagroso para a mudança de comportamento. A contrapartida por parte do regenerando é a consideração e o respeito por aquelas pessoas.

Infelizmente, a prisão atual, que não oferece trabalho nem oportunidade de melhoria de comportamento, leva o detento ao aprendizado de mais má-conduta. Desde que foi abolida no Brasil a pena de prisão perpétua, em 1977, ficou implícita a necessidade de recuperação do preso, pois ele teoricamente volta ao convívio da sociedade, em regime de liberdade. Mas muito pouco foi feito nessa linha e o caso mais notório de ausência de regeneração é o de João Acácio, o famoso "Bandido da Luz Vermelha", que foi assassinado numa briga poucas semanas após ser solto por ter cumprido décadas de reclusão. Outro caso patético ocorreu na sexta-feira santa de 2005,

25 de março, na cidade de Franca, quando um rapaz que foi solto após ter cumprido sua pena voltou à cadeia duas horas depois, por ter cometido dois assaltos nesse pequeno intervalo.

É necessário também rever a dosimetria de penas para assalto. Como o entendimento da jurisprudência no Brasil dos últimos anos é de que não deve haver reclusão para condenados a menos de quatro anos, então os condenados por assalto precisam ter sua pena mínima aumentada de dois para cinco anos, ou pelo menos quatro anos de meio, porque a divulgação, rapidíssima, de que pequenos ladrões não vão mais para a cadeia fez crescer assustadoramente o volume dos crimes de roubo.

Estelionato. É fácil para um estelionatário recuperar a imagem?

É muito triste observar que o estelionato é uma prática cultuada como coisa inocente nos bancos escolares, quando a maioria dos alunos vive de enganar o professor, apresentando como produção sua o que não passa de pilhagem. Estelionato é definido como o ato de enganar alguém buscando obter vantagem. Pois essa vantagem que os alunos "coladores" ou "copiadores" obtêm de modo efêmero em cada prova e em cada trabalho pode não indicar na maioria dos casos um futuro de golpes pecuniários a dar trabalho à polícia, mas forma, necessariamente, um indivíduo de vida profissional dependente, conforme já foi demonstrado por pesquisas de psicólogos competentes.

Mas entre os estelionatários efetivos dificilmente será achado um que não tenha tido seu primeiro treinamento na sala de aula. Será um caso profundamente lamentável de transformação romântica tardia o daquele cidadão que nunca tenha enganado os professores e os colegas de escola e tenha-se transformado mais tarde em estelionatário. Se praticaste pilhagem escolar e, mesmo assim, tornaste-te um cidadão honesto, cuida para que teu filho não seja um pilhador em sala de aula, porque ele pode não ter a mesma sorte que tu tiveste.

O indivíduo que pratica estelionatos está menos exposto que o que furta e o que rouba e por isso sua carreira de delitos costuma durar mais tempo. É comum a polícia pegar um sujeito com mais de cinquenta anos de idade nessa condição, enquanto que o ladrão dificilmente chega aos trinta anos incólume. Há uma dificuldade maior em promover a melhora do comportamento desse indivíduo, pois quase sempre se trata de problema sério de índole, que demandaria uma sólida educação moral na idade certa. Impossível certamente não é. Muitos cidadãos conseguem aplicar algum golpe de vulto e a partir daí constroem um meio de vida, abandonando o passado de crimes, juntando o amadurecimento à conquista de um objetivo. Se alguém consegue passar a exibir um bom comportamento depois de obter sucesso em ato criminoso, com mais razão isso será conseguido de um que não tenha obtido sucesso algum, e não tenha perdido o brio, o que se torna um grande complicador. Se o estelionatário é descoberto, condenado, depauperado e difamado, então ele estará em condição muito mais frágil para a regeneração do que aquele que manteve sua imagem de bom cidadão sem arranhões.

Estigma. É boa medida "sujar" a reputação de um criminoso?

Uma das formas tradicionais de punir o criminoso é achincalhar sua reputação. Ora, essa é uma atitude muito emocional e pouco racional, que não recebe o aval do grande Cesare Beccaria (*Dos delitos e das penas*, 1764). A destruição irremediável da reputação de um cidadão é a pior contribuição que se pode dar às suas chances de recuperação. Esse pode ter sido o drama que destruiu João Acácio (o "bandido da luz vermelha"), que mesmo após três décadas de reclusão continuava com sua triste fama bem alimentada, não só no Estado de São Paulo, como no país e no exterior.

Assim, aquele desejo ingênuo do condenado de aparecer na televisão e ganhar fama pelos seus feitos imbecis pode significar a consolidação de sua desgraça futura. Primeiro porque o condenado que fica famoso é um dos primeiros a morrer na mão dos outros presos quando juntado a eles na prisão, pois, longe de se afirmar como liderança, ele desperta, na realidade, muita inveja. E em segundo lugar, sua chance de reconstruir uma imagem de gente digna fica seriamente prejudicada diante do renome adquirido.

Para a sociedade, a lição a ser aprendida é a de que a criação de fama de bandido para alguém só deve ser cogitada como forma de negar a este a possibilidade de recuperação. Daí, se a sociedade não quer a regeneração do ladrão fulano de tal, então sua história, seu nome e seu rosto devem ser amplamente divulgados na televisão. Mas se o objetivo da sociedade é outro, bastaria informar que alguém cometeu tais crimes, sem a divulgação da identificação do infeliz.

Mesmo no caso da procura de um foragido, a divulgação do nome é contraproducente, porque o perseguido usará nome e documentos falsos.

Capítulo 5 - Autodestruição

Suicídio. Onde estão os suicidas?

O pesquisador francês Émile Durkheim escreveu no século XIX um livro inteiro sobre o suicídio. Por análise estatística comparativa, o que hoje se faz pela técnica do qui-quadrado, ele mostrou que a incidência maior de suicídio não se relaciona com pobreza ou algum outro tipo de dificuldade já incorporada no cotidiano das pessoas, mas com a mudança de "status". Os suicídios se encontram mais entre os recém-egressos em algum grupo social. Mostrou também ele que o problema do suicídio atinge mais os protestantes que os católicos.

Desse modo, se alguém está com tendências suicidas, convém primeiro analisar se o problema não é a adaptação a uma nova situação social. Constatada que é esta a questão, a abordagem do assunto fica mais fácil.

A passagem da pré-adolescência para a vida adulta é o ponto mais crítico, pois aos quinze anos o jovem tem muito menos apego à vida que aos trinta anos, não só por diferença de amadurecimento, mas também por falta de referenciais.

Muitos imaginam, erroneamente, que o antídoto contra o suicídio é o usufruto dos prazeres que estão ao alcance do cidadão. Certamente o prazer será um componente importante na dissuasão do suicida, mas ele não é tudo, pois o que mantém o jovem vivo, quando não é a crença religiosa, ou a amizade, é a esperança de alguma coisa melhor em sua vida.

Dissuasão. Que tipo de prazer pode melhorar a vida da pessoa?

Se os prazeres são importantes para demover o suicida de seus intentos destrutivos, é necessário saber quais dos vinte tipos de prazer abaixo têm mais efeito sobre seu psiquismo:

Fisiológicos:
 1 - Alimentício (salgados/frutas/doces/bebidas)
 2 - Excretório
 3 - Afetivo (sexo/carinho)

Sensitivos:
 4 - Olfativo (perfumes/rosas/dama-da-noite/alfazema,...)
 5 - Pictórico (fotografia/desenho/pintura/vídeo/TV)
 6 - Musical (auditivo/dançante)
 7 - Humorístico (anedotas/charges)
 8 - Higiênico (faxina/banho/toucador)
 9 - Turístico (viagem/aventura)
 10 - Onírico

Relacionais:
 11 - Aquisitivo (aprender/ganhar/comprar)
 12 - Lúdico (jogo/brincadeira/esporte/ginástica)
 13 - Amical (conversas/confiança/aliança)
 14 - Telegráfico (telefonema/correio-eletrônico/rede-social)
 15 - Auxiliatório (solidariedade/doação/incentivo)
 16 - Religioso (culto/missa/reza)

Intelectuais:
 17 - Didático (ensino/catequização/politização)
 18 - Catártico (histórias/humor/drama/representação)
 19 - Poético (leitura/declamação/metrificação)
 20 - Lógico (Matemática/programação/computador)

Pirâmide. Os prazeres têm valor igual para diferentes pessoas?

É que, de acordo com a famosa Pirâmide de Maslow, as necessidades de satisfação no indivíduo classificam-se, da base para o topo, indo das demandas fisiológicas, que são as mais básicas, até as de auto-realização. Na escala acima, as necessidades são classificadas das mais físicas às mais intelectuais.

Deve-se levar em conta que essa é uma escala temporal, e não de nível sócio-econômico, como a da Pirâmide. Assim, para um adolescente, as necessidades fisiológicas têm um peso muito grande na vida. Para as pessoas mais maduras, os prazeres relacionais são mais significativos que os corriqueiros prazeres fisiológicos. E, pressupondo-se que as pessoas se cultivem ao longo da vida, a maturidade leva o indivíduo a privilegiar os prazeres intelectuais. Um menino de doze anos que lê o livro *Marília de Dirceu*, de Tomás Antônio Gonzaga, praticamente perde tempo com a leitura, pois não aproveita quase nada do sentimento e do esmero formal que o autor faz transparecer. Mas uma pessoa culta que tenha 35 ou 40 anos de idade usufrui o poema como um dos mais bem escritos trabalhos do mundo lusófono, e, portanto, uma das grandes fontes de prazer intelectual de que se pode dispor.

No estágio de maturidade, em que os prazeres relacionais são o centro das preocupações, muitas pessoas agem pondo a própria vida em risco apenas para satisfazer suas necessidades em pauta. Pensa no caso daquela adolescente que comia muito chocolate, não dispensava um pacote de batatinhas e ainda fazia refeições volumosas. Era vista como gorducha pelas colegas, mas não se preocupava, porque o que mais contava ainda era o prazer alimentício. Agora essa menina tem 26 anos e trava uma luta desesperada para emagrecer. Fica dias sem comer, toma remédios pretensamente milagrosos e visita diariamente a farmácia para se pesar. Aquilo que para ela era fonte de prazer, como o chocolate, agora é símbolo de desconforto. Ela poderá vir a ser magra, não tanto quanto gostaria, mas deverá alcançar parte de seu objetivo. Depois dos 55 ou 60 anos de idade, porém, as necessidades serão outras. Façamos votos para que ela cultive seu intelecto, para que nessa altura da maturidade possa usufruir os prazeres adequados à terceira idade e, pelo exercício diário dos neurônios, possa evitar a progressão do mal de Alzheimer.

Autodepreciação. Que fazer para o jovem não se autodepreciar?

Por várias circunstâncias negativas na vida das pessoas, ou também por índole, muitas delas desenvolvem mecanismos de autodepreciação, e até de auto-compunção, difíceis de serem vencidos.

Em certos casos, a entrega às drogas, à prostituição ou à mendicância tem como precedente a formação de um daqueles mecanismos. O sistema educacional deve zelar para que os alunos nunca percam o brio. Ao contrário, deve estimular neles a alimentação do orgulho pelos seus feitos individuais e pelas suas qualidades (não se trata de auto-estima). Desenvolver uma identidade forte e uma individualidade sadia é um antídoto contra o "barateamento" da própria vida no futuro. Para muitos o orgulho próprio constrói-se sobre a posse de bens, o sucesso financeiro. Mas para a maioria este não é o caminho da felicidade, havendo compreensão de que a "aurea mediocritas" é mais salutar e que a satisfação e o orgulho próprio são obtidos a partir da conquista do reconhecimento e do respeito por parte dos cidadãos com que se convive.

Timidez. Pode-se curar a timidez, ou é traço pessoal imutável?

Não chega a ser um caso de autodestruição, mas manter-se tímido pode significar a destruição da própria carreira ou a perda de grandes oportunidades de sucesso profissional. Grande parte das carreiras que podem ser escolhidas depende de trato com o público e o tímido incorrigível, se é que ele existe, está "a priori" excluído de abraçar qualquer uma delas.

Não é toda forma de timidez que precisa ser combatida, pois muitas vezes ela é parte de uma personalidade recatada e respeitadora. A timidez que se deve entender como mórbida e que deve ser curada é aquela que prejudica o indivíduo no seu trabalho e na sua convivência social.

Uma lição importante dos manuais antigos para acabar com a timidez é a recomendação de não decorar frases a serem ditas. Se tens uma entrevista de emprego, por exemplo, nunca deves, de antemão, decorar frases que seriam respostas a possíveis perguntas do entrevistador, pelo simples fato de que uma mudança de rumo na conversa te desconcertaria. Deves, isto sim, preparar respostas a perguntas inevitáveis, mas não com frases decoradas, que isso é facilmente perceptível pelo interlocutor. Se percebem falta de espontaneidade no que falas, então estarás perdido.

Outro recurso poderoso, no caso de teres um interlocutor arrogante e com ares de superioridade, é imaginá-lo sem roupas. Se isso é pouco, imagina-o fazendo necessidades fisiológicas, ato que iguala a todos em sua condição animal.

Olhar para o chão enquanto fala ou escuta é um hábito lamentável do tímido. Aqui fica a lição de que o problema não é a timidez, mas sua manifestação. Uma pessoa tímida deve, portanto, aprender a se comportar como se não o fosse. Olhar nos olhos do interlocutor, não fixadamente, mas com naturalidade, é "prova" de que não se é tímido.

Falar em público é o grande temor. Pois os tímidos podem se sair muito bem se seguirem algumas recomendações. Fixar pessoas em particular no meio da plateia só é recomendável para quem já tem bom domínio da técnica da conferência. O iniciante, que não deve olhar para baixo, nem fixar os olhos apenas no papel a ser lido, deve encarar a plateia "como um todo". Todos se sentirão olhados, mas ninguém se sentirá intimidado ou, ao contrário, ninguém perceberá tua timidez, o que ocorrerá se olhares para aquela pessoa de quem buscas aprovação. Se estás lendo um texto em público, levanta constantemente o olhar para a plateia, com cuidado para não perderes a linha que está sendo lida. Isso, evidentemente, depende de treino.

Comentários gerais no início da locução podem servir para "quebrar o gelo". Exemplos: "Estive resfriado, então peço desculpas se minha voz falhar", ou "peguei um caminho com trânsito difícil e por pouco não perco a hora para chegar aqui".

Não te arrisques em pronunciar de cor um texto qualquer se este não estiver muito bem decorado. Se não há segurança quanto a isso, o melhor é ler o texto. Uma certa formanda decidiu dizer o texto do juramento sem olhar o papel, ao contrário dos colegas das outras turmas. Os outros, que leram, fizeram o juramento sem nenhum contratempo, mas aquela que decidiu falar sem levar o papel causou vexame, pois esqueceu a fala bem no meio do juramento. Um colega se aproximou dela e disse-lhe baixinho a palavra seguinte, salvando-a de um sufoco memorável.

Os manuais especializados trazem outras recomendações sobre como se deve comportar diante da plateia durante uma conferência. Além da questão do olhar, tratam também da postura corporal. Como existe a impressão de que é incômodo ficar parado durante a fala, muitos procuram relaxar, andando de um lado para o outro, praticamente dançando na frente do microfone, ou passeando, se o microfone estiver na mão e não fixo no pedestal. Embora seja um recurso para disfarçar a timidez, ele é altamente condenável, pois desvia a atenção, que se transfere do teor do discurso para o desempenho físico. Para muitos espectadores, os passos do palestrante podem chamar mais a atenção do que o assunto tratado na fala.

A timidez tem o poder de fazer com que o palestrante perca a voz durante o discurso. Isso obviamente ocorre com iniciantes, mas é um problema que pode ser evitado se o palestrante tiver o cuidado de usar algum artifício que "quebre o gelo". Caso o palestrante perceba alguma dificuldade na sua emissão de voz, deve ele, imediatamente, dirigir-se a alguém em particular, alguém que esteja ao lado ou, em última instância, alguém que esteja na primeira fila da plateia. Certamente não se deve referir à indumentária, ao penteado ou a qualquer aspecto pessoal do ouvinte, porque isso deixará todos incomodados, mas alguma coisa realmente geral, como: "Preciso de um copo d'água". É mil vezes preferível dispersar por uns segundos, para se retomar o fôlego, que insistir numa trajetória de fracasso.

Desleixo. Posso me disciplinar para deixar de ser desleixado?

Uma forma comum de autodestruição é o desleixo. Ele aparece em decorrência da mania de adiar tudo ou da simples preguiça. Pode advir de uma mania ainda mais estranha, que é a de não se desvencilhar dos resíduos. Um homem de noventa e poucos anos, que morreu há alguns anos, por não ter parentes em São Paulo, teve sua casa vistoriada por vizinhos que tratariam de seu enterro. O susto dos vizinhos foi imenso ao constatar que a casa não sofria nenhuma limpeza há muitos anos. O acúmulo de lixo, os miasmas e o chorume davam a entender que os resíduos não resultavam só do que restava de coisas de uso pessoal em casa, mas que havia reforço de cacarecos levados de fora, como caixas de papelão, aparelhos quebrados, latas vazias e outros objetos. Lá estavam também armas emperradas que ficaram como relíquias de sua participação na Guerra Civil de 1932. É certo que todos viam que ele usava a mesma roupa há não se sabe lá quanto tempo, mas ninguém podia imaginar o estado em que se encontrava o interior de sua casa.

Tudo indica que aquela situação se deu a partir de algumas manias em associação com o mal de Alzheimer, doença que atinge a todos, de forma paulatina e exponencial, a partir dos 25 anos de idade, com mais intensidade sobre uns e menos intensidade sobre outros, a começar pela redução da capacidade de memorizar, embora uma corrente médica mais conservadora continue acreditando na passagem repentina à condição, entre pessoas de idade avançada. Então, todos os recursos recomendados pela medicina como prevenção àqueles problemas da senilidade devem ser seguidos à risca por parte de quem queira evitar um futuro parecido com esse, principalmente para quem reside sozinho.

O necessário balanço anual que as empresas fazem em cada dezembro precisa ser reproduzido em casa, individualmente. Uma boa limpeza, com separação de objetos utilizáveis e inservíveis, estes últimos para descarte, deve ser feita nessa fase. E então a cada dia de ano novo a pessoa deve não só dizer, mas, principalmente, sentir: "Ano novo, vida nova!".

Mas, antes de tudo, o asseio cotidiano, nas roupas, no chão, no toalete, na cozinha, na boca e no próprio corpo, é peça essencial na vida. Também os exercícios físicos aprendidos na escola, assim como a leitura, são instrumentos para serem usados todos os dias por todos os cidadãos. Esta é a maior barreira contra a invasão do exército da senilidade.

Os hábitos sadios fazem com que a pessoa possa prescindir da força de vontade. Por exemplo, a higiene bucal diária faz-se pelo costume. Depois de automatizado o hábito, seria necessário uma grande força de vontade para abandoná-lo, se fosse o caso.

Para os que se apresentam com teatro, poesia ou música, existem as regras próprias de cada uma dessas atividades, mas a recomendação que está acima de qualquer linguagem específica é a do treino. Se o texto da peça não estiver muito bem decorado e repassado, melhor é transformar a apresentação num espetáculo de leitura dramática, o mesmo ocorrendo com a poesia. No caso da música, muitos profissionais pouco experientes caem na tentação de enfrentar a plateia confiando no treino de um mês antes. O risco de fiasco será imenso. Como no esporte, não adianta treinar três meses seguidos e parar por um mês antes da partida. O treino tem de ser de véspera. Isso é programação do corpo e da mente.

Capítulo 6 - Dependência

Os vícios são, obviamente, formas de dependência. Mas são dependências de coisas. Pode ser que estejas tentando desenvolver força de vontade para ficar independente de pessoas.

Quem por muito tempo tem sua vida dirigida por outrem vê bloqueadas ou reduzidas as suas potencialidades de desenvolvimento pessoal. Toda a educação regular deveria, em tese, destinar-se à formação do cidadão independente, e não apenas culto e ilustrado. Por isso, a escola deve, com urgência, voltar seu foco para a preparação do indivíduo empreendedor, em vez do indivíduo procurador de emprego. Se a pessoa sabe empreender, com muito mais competência saberá ser empregada.

Esmola. O que leva uma pessoa robusta a pedir esmolas?

Quem tem família e se entrega a uma vida de pedinte, o que está fazendo é trocar a dependência a pessoas identificadas por uma dependência anônima e aventureira. Pode representar uma busca de liberdade na humilhação. No histórico do pedinte pode estar um caso de profunda decepção com familiares, ou mesmo com uma profissão, como foi o caso de um mendigo que circulava pelos semáforos dos cruzamentos das grandes avenidas do Morumbi, em São Paulo. Arqueado e de barbas brancas muito compridas, ficava difícil alguém perceber que ele em outros tempos tinha sido um dentista competente e bem instalado.

Muitos casos de mendicância têm por trás algum tipo de vício, mas não se deve ter a pretensão de mapear todos os caminhos que levam a essa atividade, que pode ser exercida por pessoas que eram pobres, que eram ricas, que eram semianalfabetas ou que eram instruídas. O mendigo mais famoso da história foi Diógenes, de Atenas, que professava a filosofia cínica, sendo o primeiro romântico célebre. Achava que as pessoas devem levar uma vida simples, como a dos animais, despojada de todo luxo e de toda convenção social.

Diógenes não era exatamente um pedinte, mas um filósofo que decidiu viver como se fosse um mendigo, morando num tonel e vestindo andrajos. Uma anedota famosa conta que Alexandre da Macedônia foi ter com ele certa vez, encontrando-o sentado na calçada, tomando sol. De pé, na frente dele e imaginando que seu problema fosse de carência econômica, disse-lhe o imperador: "Dize o que queres e eu to darei". Diógenes respondeu: "Não me tires o que não me podes dar", que era a luz do Sol. Contam também que ele cultivava a posse de pelo menos um bem, que era sua lanterna, seu candeeiro. Andava por aí com a lanterna acesa em plena luz do dia. Quando lhe perguntavam o que procurava com aquela lanterna, respondia: "Um homem honesto".

Muitos mendigos justificam sua condição não na figura de Diógenes, mas na filosofia professada por ele. É a primeira manifestação prática de romantismo na história, se é que se pode chamar de prático algo que tenha fundamento romântico: "Não desejo nada além de poder viver como os animais na natureza". Os mais críticos retiram-se do convívio dos semelhantes e tornam-se ermitões, o que representa uma ruptura brutal com todos os laços humanos segundo sua crença, pois, para os românticos, a sociedade humana não é uma construção dos indivíduos, mas um dado da natureza.

Quem quer que use essas filosofias para dar foro de legitimidade a suas ações anti-sociais, como terrorismo, banditismo, vandalismo ou mendicância, deve ter em conta que em dado momento da adolescência sua consciência sofreu uma doutrinação sutil que o levou à inversão de valores apresentada agora. Pois a primeira formação filosófica que recebemos de nossos pais e da estrutura que os cerca é a da religião de nossa comunidade. E tanto o cristianismo quanto as religiões orientais têm sua base doutrinária alicerçada em preceitos contrários aos do romantismo: "A sociedade humana é construção dos indivíduos, as tendências naturais convergem para a brutalidade e o esforço da pessoa para atingir a perfeição deve acompanhá-la até a morte".

O romantismo aparece como bálsamo para as pessoas atormentadas pela constatação de sua pouca competência para melhorar o comportamento. Põe a culpa na sociedade, que diz já ter sido corrompida, e define o indivíduo como mera vítima, incapaz de vencer os apelos destrutivos que vê à sua volta. Ora, os muito fracos de espírito realmente são influenciáveis pelas condutas anti-sociais e não conseguem escapar dessas armadilhas. Mas quando o indivíduo começa a adquirir força de vontade, deixa de ser um fraco de espírito, ou, se não for este o caso, deixa de ser suscetível. Neste momento, deve fazer ecoar como bumerangue o vicioso canto de sereia dos românticos.

Nos últimos tempos tem crescido a corrente do ateísmo militante, para alegria dos românticos. Eles fazem campanha, tanto em meios analógicos quanto digitais, publicam livros e participam de debates em que tacham os adversários de tolos. Não se pode confundir o ateísmo militante com a posição filosófica do ateu clássico, porque este não segue nenhuma religião, pelo simples fato de que não foi convencido de que existe uma divindade, nem chegou por conta própria a esta convicção. Ele está correto em manter sua posição, apesar de existir o ateu desonesto, que por se casar com uma pessoa religiosa passa a se portar como um dos cordeiros do rebanho, praticando todos os ritos, sem acreditar em nada. O ateu clássico é como alguém que não acha graça em nenhum time de basquete e, portanto, não tem um time do coração, não se envolvendo com os que tenham um, seja para combatê-los, seja para defendê-los. O ateu militante, diferentemente, é como aquele indivíduo que não tem um time, e quer que ninguém tenha, porque acha muito prejudicial alguém se envolver emocionalmente com uma equipe esportiva. Como um novo profeta, ele acha que está prestando um grande serviço ao mundo, atacando os seguidores dos times de basquete como João Batista atacava os pecadores. E como argumentam esses ateus militantes? Usando como contra-exemplo os resultados das atuações dos seus antípodas, que são os adeptos das religiões incultas (que não são as mitologias gregas, africanas ou ameríndias). Ele pega, por exemplo, o caso de um fanático religioso, seguidor de uma falange de apedeutas fundada por algum lunático, quase sempre uma fatia reduzida de uma grande religião. Esse fanático comete um estrondoso atentado em nome de sua falange, matando milhares de pessoas. Então o ateu militante sai alardeando que esse ato é resultado da existência da religião e do fato de as pessoas acreditarem na existência da divindade. Além disso, sem nunca ter ido à penitenciária conversar com os presos, esse militante tem certeza de que, se não todos, pelo menos a imensa maioria desses condenados é formada por pessoas religiosas, porque, segundo ele, o ateu é "essencialmente bom".

Esse ateísmo militante tende a acirrar uma tendência antiga entre os artistas e escritores ocidentais, dos poloneses aos norte-americanos da Costa Oeste, que é a de negar a própria formação religiosa. Invariavelmente, esses intelectuais têm vergonha de sua formação (achando que do contrário seriam confundidos com pregadores eclesiásticos). Esse efeito reverso, junto a outros identificáveis e mais danosos para a sociedade, denuncia que o catolicismo romano e suas ramificações protestantes marcam essa gente com ferro em brasa no nascedouro. Quem quiser uma posição isenta busque em Leon Tolstói ou em Dostoiévski, não nos autores da Europa Ocidental, da África ou das Américas. A vergonha da religião paterna por parte dos autores ocidentais não necessariamente os coloca no escaninho do romantismo, mas a atitude ingênua de ateus militantes inconscientes os torna instrumento dos românticos.

Munido de força de vontade e rejeição programática à doutrina romântica, o cidadão estará em condições de escapar daquelas estradas que o fazem perder o brio, os amigos, a credibilidade e a esperança. Há um complicador a ser vencido no abandono da mendicância: o dinheiro. Tanto para quem joga quanto para quem mendiga ou furta ou se prostitui, um componente difícil de derrotar é o apelo do dinheiro com liquidez imediata. Quem arranja um emprego e começa a trabalhar tem de esperar pelo menos um mês para ver a cor do pagamento (nos Estados Unidos, uma semana). Mas o que mendiga ou o que ganha no jogo recebe o dinheiro imediatamente. E quando se trata de sustentar algum vício, nada mais cômodo que liquidez imediata.

Quem compreende que dinheiro é para ser dominado, não para ser dominador, este está no caminho da independência. Não se trata de adotar o preceito do budismo hinaiana de renúncia a todo desejo, mas de valorizar-se a ponto de sentir que se está sempre acima dos objetos.

Paixão. Apaixonado e desprezado, devo alimentar esperanças?

Livrar-se de uma paixão doentia e prejudicial é algo tão necessário quanto complicado. Mais que em qualquer outro vício ou dependência, as alterações químicas atingem o cérebro do apaixonado. Sem contar os casos de avaria física, apenas a loucura completa ultrapassa o nível de dano mental provocado pela paixão.

O primeiro passo para a "libertação" frente a uma paixão é a consciência de que ela é prejudicial. Então, o prejudicado deve preparar-se para um longo caminho de quatro meses, caminho que só terá efeito se a vítima se mantiver na ausência do objeto da paixão.

Determinado homem foi expulso de casa pela esposa por causa do alcoolismo. Pouco tempo depois ela arrumou outro marido. Aquele marido anterior, alimentando esperanças, mas sem conseguir abandonar o álcool, alugou uma casa na mesma rua, em frente à casa da mulher. Por anos a fio, ele alimentou o sofrimento de continuar apaixonado pela esposa, vendo-a quase todos os dias, mas sendo sempre rejeitado por ela.

A visão da pessoa por quem se apaixona é que alimenta o cérebro na produção das substâncias que mantêm a "limerance". Depois de quatro meses de distância, o cérebro desiste de dirigir os hormônios para uma espera inútil.

Pois a testosterona, masculina, depende da ocitocina, feminina, para levar ao homem a sensação do estar apaixonado. Há uma fase de indução, em que a testosterona imita em muitos aspectos a função da ocitocina, por exemplo, a propensão ao choro, se a mulher em questão é uma "chorona".

O próprio sentimento da paixão ocorre pela indução da ocitocina, não existindo em sua ausência. Uma mulher pode se apaixonar por outra, mas um homem não se apaixona por alguém do mesmo sexo. Quando um homem se julga apaixonado por outro, ele não tem experiência de paixão por mulher e apenas tem devotado uma grande amizade por esse companheiro. Paixão é outra coisa, algo que pode levar a vítima, em estado muito inflamado, aos atos insanos do suicídio, da guerra, da loucura, do latrocínio ou do crime passional, com o assassinato do objeto do desejo doentio.

O mais comum é a paixão acabar primeiro na mulher, persistindo no homem. Quando termina no homem e continua na mulher, tem-se uma situação mais difícil de resolver. Significa que a mulher desenvolveu um estado de dependência fora do comum.

A vantagem da luta pela não-dependência frente a uma pessoa em relação à não-dependência frente a um objeto é que no primeiro caso pode-se ter um reforço bilateral. Quando há dependência entre duas pessoas e as duas querem se livrar disso, o processo praticamente dobra suas possibilidades de sucesso. Se uma quer se livrar e a outra não, então a chance de libertação cai pela metade.

O início é sempre compartilhado, por mais que um dos lados possa negar isso, mas o doloroso é que o fim nunca é. Quem tenha conhecimento de uma paixão que tenha começado de forma unilateral, esteja certo de que se enganou. Confundiu idolatria com paixão. A idolatria é necessariamente unilateral; a paixão é necessariamente bilateral.

O início da paixão só se alimenta com a correspondência de apelos. Um sinal é enviado e a resposta é recebida. Se não vem resposta nenhuma, a tentativa morre aí mesmo. Não se trata de usar o intelecto consciente para interpretar os gestos, mas, sim, a intuição e o tirocínio. Por isso é fácil perceber quando a resposta positiva não chega.

A paixão começa a desenvolver-se dentro do indivíduo quando ele percebe que os sinais que ele recebia da pessoa passam a ser negados. Em desespero, ele luta por atenção, mas os sinais não voltam. No desenrolar dessa luta, ele se percebe apaixonado.

A ideia de que o papel hormonal decisivo cabe à mulher não é nova. Clóvis Lugon conta que na República Guarani, que os padres jesuítas fundaram na região gaúcha em que hoje se encontram as ruínas do território das Missões, a decisão sobre casamento cabia às mulheres. Quando o homem pretendia ficar noivo de uma garota, contava isso ao padre, não a ela. O padre então a chamava e pedia que ela considerasse a proposta. Se ela aceitasse o pedido, voltava depois e contava ao padre, que comunicava isso ao rapaz. Se não aceitasse, tudo ficava como uma confissão, não incorrendo o pretendente em nenhuma desonra pública, e ele certamente parava de alimentar qualquer pretensão.

A estratégia dos padres das Missões evitava a ocorrência desse jogo de diz-que-diz, responsável por muitas tragédias passionais. Uma negativa por parte de uma jovem podia até ter o poder de fazer o rapaz sofrer, mas o processo se resolvia rapidamente, por dois motivos: o rapaz não tinha porque continuar alimentando esperanças e a situação não vinha de uma história de longo prazo. Tudo o que ele tinha a fazer a partir daí era esquecer o episódio e apontar sua mira para uma outra garota da comunidade.

Se a pessoa não tiver força de vontade para superar com galhardia uma decepção passional, mesmo uma separação conjugal, ela então estará mortificada, esperando naturalmente que um novo estado de espírito a visite, o que levará pelo menos quatro meses (há mulheres que alimentam as ilusões de dois pretendentes enquanto não se configura para elas a situação mais vantajosa, e isso levará o futuro perdedor a um período de sofrimento muito maior que o razoável). Sendo portador de força de vontade, o preterido elegerá como novo objetivo de sua vida um estágio superior em que uma derrota de tal tipo não venha a repetir-se. Ele estará decidido a se preparar daí em diante contra uma nova entrega baseado na mesma ingenuidade. Aproveitará o acontecimento como um valioso aprendizado.

Os menos propensos à construção da própria independência poderão usar esse período como momento justificado à autodestruição, podendo entregar-se ao alcoolismo ou às tentativas de suicídio consciente.

O motor da força de vontade é o brio, a valorização de sua própria personalidade, seja na glória, seja na derrota. É necessário acreditar que a derrota definitiva é o suicídio e que a esperança de dias melhores é o primeiro caminho para a vitória. Nenhum governante, nenhum cônjuge, nenhum chefe pode ser dono da vida e do destino de uma outra pessoa. Nos tempos modernos, as relações da vida humana dão-se através de contratos, uns escritos outros consuetudinários, e estes se estabelecem como parceria, de um para um, de um para vários ou de vários para vários. E nenhuma parceria poderá incluir a propriedade da pessoa, pois a pessoa não tem preço (o regime da escravatura, em que se compravam pessoas, encerrou-se em 1962, quando a Arábia Saudita, último país escravocrata, aboliu o sistema; não se confunda, pois, trabalho servil, que ainda existe hoje, com trabalho escravo, impensável no terceiro milênio).

Ficar com a pessoa que se quer, quando o outro lado já desistiu da ideia, é, portanto, a coisa mais difícil entre todas as conquistas imagináveis. Isto porque não se pode comprar a vontade do outro, e a decisão depende não daquele que alimenta a pretensão, mas, principalmente, da pessoa visada. O que um pode comprar do outro é a falsa aquiescência, e este é um dos motivos de incômodo para as pessoas que têm muito dinheiro. O que é falso e o que é verdadeiro no sentimento dos que te rodeiam? Não saberás, se sempre fores rico ou poderoso.

Desse modo, a grande força de vontade de que se deve dispor não é para conseguir o intento que se visava, mas para desistir dele. Supõe que tua ex-namorada tenha trocado tua companhia pela de um outro pelo fato de este ter melhores condições econômicas. Supõe também que ela não tenha feito segredo dessa razão. Então haverá para ti duas opções: primeiro, enriquecer para continuar tentando reconquistá-la e, segundo, aprender a viver sem ela. Ora, mesmo que a primeira opção leve a um rápido sucesso, coisa muito pouco provável, o fato de saberes que ela te aceita agora por estares mais rico fará com que jamais a respeites como uma pessoa digna. Quando ela te trocou pelo mais rico, ela se caracterizou como uma pessoa literalmente alienada, e isso não é algo que tenha volta.

É claro que o aprendizado de uma grande perda, ou de um grande engano, sempre trará enriquecimento pessoal para o enfrentamento de questões semelhantes no futuro.

Se estás em situação de paixão e abandono, precisas de cura. Com base no que os estudiosos da questão recomendam, o que tens de fazer é (mnemônico: *Edaleica*):

    1 - Evitar encontros com o OP (Objeto da Paixão);
    2 - Distrair-te com passatempos e com trabalho mental;
    3 - Arrolar itens no OP que indiquem não-reciprocidade;
    4 - Lembrar aspectos negativos do OP;
    5 - Enumerar qualidades tuas que o OP não valoriza em ti;
    6 - Identificar prejuízos que o OP te traz no trabalho e na escola;
    7 - Confidenciar com amigos que te apoiam;
    8 - Associar o pensamento no OP a lembranças desagradáveis.

Idolatria. Como escapo da influência do ídolo e do demagogo?

Podes idolatrar uma pessoa ou uma coisa, mas nenhuma das duas ações é recomendável. As três religiões surgidas dos códigos de Moisés, cristianismo, judaísmo e islamismo, preparam os fiéis para a rejeição à ideia de idolatrar objetos, representações de falsos deuses. Esse tipo de idolatria atinge gente que pertence a um estágio religioso totêmico, pouco superior ao estado de animismo. Não há porque se preocupar muito com isso, portanto.

Mas a idolatria de uma pessoa, ou de várias, frente a outra pessoa é algo que representa ainda um problema gravíssimo na sociedade humana.

Como já foi dito, é muito mais fácil se livrar de uma idolatria que de uma paixão, pelo fato de ser uma relação unilateral, isto é, depende só da tomada de consciência por parte do idólatra. É claro que, quando se trata de um demagogo, ele fará de tudo para continuar cativando seus seguidores e cabe a este que quer se libertar enxergar que está simplesmente sendo usado para os propósitos do guia mal-intencionado (estranho é que nos primórdios da democracia, "demagogo" era apenas o chefe eleito; Péricles foi eleito várias vezes como "demagogo", o condutor do povo; de lá para cá, o sentido da palavra foi se tornando cada vez mais negativo, por causa do mau uso que fizeram do "cargo").

Tempos atrás um cantor de *rock* japonês, responsável pela onda dos cabelos pintados de vermelho, cometeu suicídio. Nos dias seguintes ao acontecimento, nada menos que 150 garotas, fãs do rapaz, imitaram seu gesto. Os pais dessas meninas, pegos de surpresa, certamente acompanharam a trajetória de idolatria de suas filhas, mas não podiam imaginar que o grau de dependência estivesse nesse nível. Fosse um ídolo de barro ou de madeira que se tivesse quebrado, o máximo que aconteceria seria uma onda de choro juvenil. Noutros tempos, poderia surgir uma guerra, como ocorreu no México quando, na ausência do chefe Hernan Cortez, que se ausentara do México para uma viagem de semanas, os soldados destruíram os totens dos astecas. Foi o que bastou para quebrar a harmonia e a amizade conseguidas mediante a hábil maestria de Cortez. O imperador Montezuma apoiou seu povo na luta e Cortez, ao voltar, teve de ficar do lado de seus soldados. Assim, a desgraça das relações entre espanhóis e astecas foi selada pela intolerância religiosa de pessoas de baixa instrução.

Cinco séculos depois, o espírito dos soldados de Cortez continua solto por aí. Os líderes religiosos e políticos devem estar sempre em alerta.

Entre idolatrar uma estátua (totem ou bezerro de ouro), uma pessoa viva e uma pessoa que já morreu, a última opção é a menos danosa e, em muitos casos, é recomendável. Idolatrar alguém que já morreu nem chega a ser idolatria, mas respeito e veneração. Um guia vivo pode te manipular, um morto, não. Mesmo que acredites que ele esteja te guiando, a opção de segui-lo é tua, ao contrário do que acontece sob a influência de gente viva.

Passado algum tempo após a morte de uma grande figura pública, sua vida é depurada num balanço que mostrará o saldo de sua contribuição para a humanidade, se positiva ou se negativa. Muitos enganam por décadas ou até séculos, quando sua contribuição se deu na área do pensamento mais que das ações. É o caso de Jean-Jacques Rousseau, mentor de várias carnificinas, mas ainda cultuado por grande proporção de políticos como uma boa figura. Hitler tem ainda, neste início de milênio, um rol de seguidores que alcança 18% dos cidadãos. Assim, 82% o rejeitam ou lhe são indiferentes. Esta grande oposição à sua política deve-se ao fato de que ele agiu diretamente na perspectiva de exterminar um povo e dominar os outros.

Outros líderes mantêm a divisão das opiniões de modo menos claro. É o caso de Napoleão Bonaparte, que governou com ações de notória crueldade em relação aos que ele elegia como inimigos, mas que, por sua inteligência e por sua competência, tirou a França da crise e a elevou à posição de nação poderosa.

Deve-se idolatrar Napoleão? Isso não se justifica, a menos que o idólatra seja também violento. É possível admirá-lo no que existe de positivo em sua atuação político-militar, mas não se deve tapar os olhos para os erros. Admirar criticamente não significa idolatrar.

Já o papa João Paulo II, o primeiro papa a visitar uma mesquita e uma sinagoga, deu, ao longo da vida, sinais inequívocos de sua luta pela união dos povos e das culturas. Foi exemplo de paz e de trabalho. No mundo ocidental cristão não existe motivo para condenar a idolatria à pessoa dele após sua morte, muito menos ao culto à sua memória.

Os protestantes criticam o culto aos santos por parte dos católicos, argumentando que a canonização é uma eleição feita por homens, no Vaticano, que não teriam mandato para decidir quem é e quem não é santo. Ora, essa eleição jamais impôs um santo contra a demanda dos fiéis. A canonização é apenas a finalização de um processo, no qual se reconhece como legítimo o culto devotado pelos seguidores a uma determinada figura que já não vive.

O xintoísmo, religião nacional do Japão, cultiva a memória dos ancestrais. A diferença em relação aos santos do Vaticano é que não se depende da espera de uma eleição. Há erro nesse culto? Não parece. Erro haveria se a idolatria fosse devotada aos vivos, como era, aliás, o culto ao imperador antes da II Guerra.

Aqueles que ainda hoje idolatram pessoas vivas contribuem para a manutenção da humanidade em situação de atraso. Sintomas podem ser vistos em seguidores de líderes de partidos que funcionam como falanges. Quem tem vivência nas lutas políticas sabe que certos acólitos passam a falar com o sotaque e os tiques verbais do chefe. Isto representa a anulação paulatina da personalidade em favor da força de expressão do líder, como denunciava em 1548 o poeta francês Etienne de La Boétie no *Discurso da servidão voluntária*.

O texto de Etienne de La Boétie é o libelo mais importante da história escrito contra a opressão do poder político, em apenas uma dúzia de páginas. O poeta, amigo de Montaigne, contava então com dezoito anos, mas demonstra uma maturidade de quem tem pelo menos quarenta, além de antecipar vários aspectos da mente humana que somente cinco séculos depois a Psicologia desvendaria.

Muito mais de metade dos problemas do mundo se resolverá quando a humanidade rejeitar de forma radical os governantes vitalícios ou longevos. O presidente da França, por exemplo, tinha mandato muito longo, até pouco tempo atrás. Miterrand, apesar de ser uma boa pessoa, conseguiu ser reeleito ao posto e com isso manteve-se nada menos que catorze anos como presidente da república. É um tempo excessivamente longo, através do qual o chefe deforma a personalidade dos seguidores menos independentes ao mesmo tempo em que oprime os que não lhe são simpáticos. E isso ocorreu na pátria de La Boétie!

Como a sociedade humana foi inventada a partir da observação das comunidades de abelhas e formigas, há uma tendência forte em favor da monarquia por parte das pessoas simples. Quando no plebiscito de abril os brasileiros rejeitaram a volta da monarquia, estavam, na realidade, rejeitando a restauração do poder da família Bragança, não o poder vitalício em si. Pois, poucos anos depois o Congresso Nacional aprovou o estatuto da reeleição presidencial, que era proibido, e não houve sequer uma manifestação popular contra a medida. No Peru, o presidente Fujimori conseguiu reeleger-se não apenas para um mandato sucessivo, mas também para mais um, no qual foi destituído sob acusação de corrupção. Não houve pressão popular contra a eleição ao terceiro mandato, mas apenas contra a corrupção, cujos indícios eram fortes. Na Argentina, o presidente Menem pediu à Suprema Corte o exame da possibilidade de um terceiro mandato, com o qual poderia completar quinze anos no cargo. A Suprema Corte rejeitou sua pretensão. A população muito provavelmente teria apoiado sua nova reeleição se o caso tivesse ido a plebiscito. O pior é que, no período que deveria ter sido dirigido por seu sucessor, quatro presidentes foram depostos em meio à brutal crise econômica que se configurou no país, para gáudio de Menem.

A invasão do Iraque pela coalizão militar liderada pelos Estados Unidos em 2003 aconteceu exatamente por causa da condescendência das populações frente aos ditadores vitalícios. Se os malefícios automáticos causados por eles fossem enxergados por todos, não haveria ditador com apoio de quem quer que seja, mas não é isso que ocorre. A França e a Alemanha lideraram a campanha contrária à invasão, mas deram a entender que aceitavam a manutenção do lunático no poder, onde estava desde 1967 quando a esse poder foi guindado como vice-presidente. Os depósitos de armas de destruição em massa, argumento principal usado em favor da invasão, não foram encontrados, mas uma das razões é que grande parte do estoque foi gasta contra os curdos, genocídio que ninguém pode negar. A outra parte certamente foi destruída entre o período de início das escaramuças e a invasão propriamente dita.

O genro do ditador revoltou-se contra seus métodos e, ameaçado, fugiu para a Jordânia. O ditador conseguiu convencê-lo a voltar a Bagdá, afiançando-lhe que ele estava perdoado e nenhuma mágoa sobrava no coração do velho sogro. Voltando a Bagdá, alegre e reconfortado, foi imediatamente preso e degolado.

Se existisse, pelo menos no mundo dito civilizado, consciência e ação contra a desgraça da vitaliciedade dos ditadores, a invasão norte-americana não teria ocorrido, pelo simples fato de que o doente mental do ditador iraquiano não teria sentido qualquer sustentação ao seu governo. Se não saísse por conta própria, rebelião interna o teria derrubado. Essa possibilidade não existiu porque o bloqueio que a ONU instituiu anos antes estava sendo sabotado por muitos países, inclusive da América Latina.

Depois da queda do enganador, o presidente francês dignou-se a divulgar nota de esclarecimento em que alertava para o fato de que a resistência à invasão não significava apoio ao governo ditatorial do Iraque em detrimento do apoio ao governo dos Estados Unidos. Essa nota tardia veio à luz porque o governo francês percebeu que parte considerável da população estava entendendo a posição do governo como sendo de simpatia por ditaduras sanguinárias. Na Alemanha, nem o presidente nem o primeiro-ministro sentiram necessidade de fazer esse esclarecimento.

Se a pessoa, de boa fé, faz distinções, separando ditadores maus de ditadores bons, em se tratando de dirigentes vitalícios, então, muito dificilmente ela se livrará de idolatrias pessoais de que esteja sendo vítima. A atitude sadia é rejeitar tanto o ditador vitalício quanto quem mostre claras pretensões de ser um deles.

Se uma tal desgraça se abate sobre teu país e não tu és uma pessoa medíocre, a quem a política nacional não causa o menor abalo, então tens apenas dois caminhos a seguir: lutar com todas as forças para derrubar o tirano ou emigrar. A primeira opção deve depender do teu nível de engajamento e do nível de risco a que estarás submetido. Se há pouca chance de preservares tua vida, então a decisão de emigrar será a mais inteligente, mesmo porque do exílio poderás continuar a luta pela destituição do enganador dos pobres que se instalou no palácio de governo de teu país.

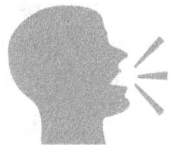

Guru-pedagogo. Se tenho guru-pedagogo, sigo-o ou descarto-o?

Uma forma de idolatria que dificilmente será vista como tal é essa de seguires os conselhos e as diretrizes de um guru-pedagogo ao longo da vida, perdendo paulatinamente a capacidade de tomares decisão por conta própria. Esse sujeito, que faz o papel de guia, sente-se confortável em sua posição e tem prazer em dirigir a vida dos outros. Enxerga, muitas vezes inconscientemente, os outros seres humanos como potros e cães que devam ser domados para fazer sempre a vontade do treinador.

Não é como um senhor de escravos, que tem uma relação explícita de mando sobre seus subordinados. O poder psicológico do guru-pedagogo é sutil e, muitas vezes, nem é perceptível por parte de terceiros.

A resistência à atuação desse tipo de pessoa não deverá significar que se deva rejeitar a orientação de pessoas mais sábias e mais experientes. A relação sadia de admiração e respeito por pessoas que consideramos nossos guias deve ocorrer não direcionada a um indivíduo, mas a vários. Posso ter um amigo que me aconselhe sobre questões de política partidária, outro que me aconselhe sobre medicina natural, outro que me oriente sobre problemas de ciências exatas e mais um que me encaminhe nas áreas transcendentais. Nenhum deles é meu guru-pedagogo, pois minha base de conhecimentos tem sido formada a partir de contribuições de vários mestres.

O problema se configura como doentio quando todas as minhas ações dependem do parecer de um único cidadão, ou quando todos os outros orientadores que eu tenha passem a ter a palavra minimizada e questionada em detrimento da pretensão de verdade da palavra de apenas um.

Se tens dificuldade de te livrares da tutela "intelectual" de um dado guru-pedagogo, deves, antes de tudo, considerar que apenas uma pessoa tacanha se propõe guiar os passos de outra por longo tempo. Qualquer indivíduo menos obtuso luta pela libertação mental de seus amigos e enxerga a eventual ajuda necessária como algo passageiro e destinado exatamente a dar condições para a consequente autonomia.

Aqui haverá a tentação de se pensar em Dom Quixote como um possível exemplo de guru-pedagogo. Sim, seu fiel escudeiro Sancho Pança tinha-o como guia absoluto, mas o cavaleiro, além de ser figura de ficção, era louco, o que pode ser entendido como mais um recado do gênio de Cervantes: uma das formas de loucura é a necessidade de controlar as decisões e o destino de outrem. Pensemos noutro grande espanhol, de existência real: El Cid, ou Cid Campeador, apelidos de Rodrigo Díaz de Bivar, herói da Reconquista. Quem era seu fiel escudeiro? Não se sabe. El Cid era um herói real e não era um louco. Tinha amigos e tinha comandados, mas não tinha necessidade de anular a personalidade de nenhum de seus seguidores.

A escola elementar, que vem da "paideia" da Grécia Antiga, conta com um professor único para cada turma. A partir do nível ginasial, para crianças a partir dos onze anos, tem-se a escola pluridocente, em que o aluno conta com pelo menos oito professores distintos, dividindo as áreas de conhecimento. O significado disso é que, desde a entrada na adolescência, o indivíduo deve diversificar seus modelos de comportamento, para melhor compor sua personalidade. A escolha precoce da carreira, portanto, pode levar o aluno a fixar-se na orientação de apenas um professor, desprezando os demais, e deve ser desestimulada. Se o adolescente tiver bem claro para si que necessita de bom conhecimento em todas as áreas, e também que ele pode mudar de ideia mais tarde, então não há grandes perigos em escolher uma carreira futura já aos onze ou doze anos, mas a escola não deve incentivar isso por não ter garantia de que o aluno terá uma tal clareza.

Supermãe. Mãe é insubstituível; assim, ter supermãe é bom?

Dependência que vem se tornando cada vez mais comum é essa relativa à supermãe. Certamente, esta é uma via de mão dupla, pois uma mãe que quer ver o filho livre (não que queira ficar livre do filho), não implicará com suas namoradas, fazendo de tudo para que ele as abandone e não faça nenhum projeto de longo prazo junto a nenhuma delas. O exemplo mais doentio de supermãe é aquele da senhora cujo filho entra numa faculdade de uma outra cidade e, ato contínuo, ela se muda para essa cidade, para continuar cuidando de seu rebento.

Obviamente, o caminho tradicional, mais eficiente e mais eficaz para o filho livrar-se da dependência da supermãe é a conquista de um emprego ou de algum outro meio de sustento. Recebendo seu próprio salário, o filho que se sinta sufocado pelas imposições maternas poderá, mesmo sem se mudar de cidade e sem se casar, alugar um quarto de pensão, por exemplo. Com isso, ele estará fazendo um grande bem a ele e a ela.

Parece estranho ter a casa da família e ir morar em pensão no mesmo bairro? Sim, mas a quebra de relação de dependência doentia justifica isso. Muito menos justificável é um rapaz de 35 ou 40 anos continuar na "barra da saia" da mãe, tendo nela seu guru-pedagogo.

Que não se interprete tais atitudes como uma tentativa de diminuir o respeito e o afeto que o filho deve ter pelos pais. Jamais uma mãe terá dimensão do que significa seu filho para ela se não passar um período de meses, ou até anos, distante dele. A recíproca é absolutamente verdadeira. Por mais que o filho da supermãe ache que sabe o valor emocional de sua mãe, esse valor só será realmente entendido na longa ausência.

Que ninguém pense que ficar um ano longe da mãe fará diminuir o afeto. Um ano longe de uma namorada é suficiente para livrar as glândulas endócrinas da produção hormonal dirigida a ela, o que poderá representar o fim da relação idílica. Mas a relação afetiva do filho para com sua mãe não só é eterna como passa a ter cada vez mais sentido com o passar do tempo.

Assim, paradoxalmente, livrar-se da supermãe é estabelecer a distância necessária para poder apreciar seu afeto de modo sadio e perene.

Um quadro do cartunista Ziraldo apresentado anos atrás mostra bem o significado da proteção exagerada e prejudicial da supermãe. O filho está para viajar de avião pela primeira vez; então, preocupada como sempre com a vida do rapaz, ela vai pedir ao piloto: "Senhor comandante, por favor, voe bem devagar e bem baixinho, viu?"

Se o comandante fizesse a vontade da supermãe, seria a primeira e última viagem daquele rapaz no mundo dos vivos.

O quadrinho é ilustrativo em vários sentidos, sendo um deles mostrar que a supermãe, correta nos seus cuidados exagerados, erra quando não deixa o filho agir por si, sem a interferência maternal que, ao meter o bedelho onde não deve, pode destruir a vida do protegido, virtual ou efetivamente.

Mais uma vez, vale a recomendação de Aristóteles na sua *Ética a Nicômaco*: a virtude está no meio termo.

O afeto e o apego da mãe para com o filho não podem ultrapassar o limite do bom senso. A severidade, necessária para educar, não deve, igualmente, exceder um certo nível de dureza, sob pena de se atingir o efeito reverso, pela bem conhecida "lei do efeito" (Edward Thorndike).

O meio termo aí significa temperar brandura com firmeza. Se a mãe não consegue por conta própria, o filho deve contribuir para que ela atinja esse equilíbrio. Quem tem verdadeiro apreço pela mãe tem também obrigação de não fechar os olhos para os defeitos que ela apresente e de tentar, com muito jeito e com muita habilidade, ajudá-la a corrigi-los.

A mãe não deve ser vista como alguma coisa sagrada, que não tenha para onde melhorar. Enxergar as fraquezas da mãe é um caminho para entendê-la e amá-la ainda mais. Pois alguém que só conhece de sua mãe pontos fortes, sem nenhuma fragilidade, desenvolve por ela muito respeito e reverência, mais dificilmente a amará como se deve amar a um ser humano.

É provável que a dependência mais fácil de curar seja essa em relação à supermãe, mas depende muito da força de vontade do filho protegido. Ele tem de querer ser livre e tem de ter consciência dessa necessidade. Do contrário, nem o primeiro passo será dado.

Fanatismo. Como posso livrar meu filho de se tornar fanático?

A formação diversificada, e mais ainda a que traz noções filosóficas basilares do tratamento científico, como as recomendações de Aristóteles, sobre nossa incapacidade de ver além das aparências, e de Descartes, que nos ensina a duvidar de tudo, é antídoto contra o ingresso do jovem no fanatismo, seja religioso, seja político, sendo este último uma versão disfarçada daquele. Mas muitas vezes a escola e a família falham em garantir essa formação e veem o discípulo ou o filho partindo para juntar-se a hostes danosas à sociedade.

Para que a pessoa se livre do fanatismo, se está em poder dessa psicopatologia, é necessário distinguir crença e fé. A crença não resulta de análise, mas de entrega gratuita. Hitler, um mau leitor, não era um homem de fé, mas de crença. Leu alguns textos pseudocientíficos e os engoliu como se trouxessem a mais cristalina verdade. Em sua obra *Minha Luta* (*Mein Kampf*) escreveu que perseguindo os judeus estava "realizando os propósitos do Senhor". Isso não foi resultado de fé, mas de uma crença, que pode ser anódina, e que em certos casos pode ser fonte de tragédia. A fé, diferentemente de crença, não é uma entrega, mas uma aposta sadia, uma forma de confiança. Se temos dois amigos, um de caráter fraco e outro de ótimo caráter, é nesse segundo que depositamos mais confiança. Sabemos que nossa avaliação pode estar errada, mas nossa fé vai para ele, não para aquele primeiro, de pouco caráter. Se o primeiro amigo nos relata um determinado fato e sua versão é contrária à que nos é apresentada agora pelo outro amigo, é nessa última que tendemos a confiar. Enfim, a crença pode ser cega, não a fé. "Fé cega" é apenas força de expressão. Supõe que uma epidemia devastadora vem atingindo a população e já está próxima a tua casa. Todos os cálculos indicam que, se não for contida, atingirá tua família. Se tens crença cega, rezarás e terás certeza que com tua reza a epidemia será contida. Se tens fé, rezarás e esperarás que, se fores merecedor, tua casa ficará livre, mas jamais terás certeza absoluta de que essa epidemia não chegará a tua porta.

Um fanático dispõe-se a matar ou morrer por uma crença. Seu cérebro, se um dia foi sadio, sofre agora de um grave distúrbio. No anos finais do século XX a farmacologia desenvolveu medicamentos poderosos contra a loucura, algo impensável décadas antes. As famílias não devem hesitar em usar esses produtos, embora eles ainda não sejam ministrados na forma devida. Psicotrópicos e antidepressivos têm sido receitados como se fossem meros analgésicos, remédios para problemas somáticos. Muitos clínicos ganham incentivos de laboratórios para indicar produtos diversos, sem o cuidado de evitar misturas perigosas. Se uma família tem um jovem louco ou fanático, deve medicá-lo, mas não deve nunca misturar remédios.

Certamente, ministrar remédios contra loucura a um jovem fanático é um último recurso, mas isso deve ser usado quando se percebe que argumentos não fazem sentido para ele. Um dos métodos usados na psiquiatria para confirmar estado de loucura é a perda do domínio dos axiomas da lógica. É no caso do fanatismo, e não no daquele louco que tem surtos e promove atos violentos em momentos específicos, que o teste da lógica tem mais eficácia. Bertrand Russell insistiu em que os governos aliados considerassem os líderes nazistas como lunáticos, o que evitaria uma carnificina maior, mas não teve sucesso. Quando Magda, a esposa de Goebbels, percebendo a derrota do nazismo, envenenou as crianças do casal, ela mostrou que estava dominada por crença cega, não por uma fé. O fanatismo extremo é, pois, uma doença contagiosa, que pode e deve ser curada com medicamentos e quarentena.

Paranoia. É sadio meu filho crer em "teorias" de conspiração?

Menos danoso que o fanatismo, mas não menos digno de atenção, é o caso da paranoia. Em grande parte das vezes ela é autoinduzida e, sendo assim, pode ser resolvida com o aumento da força de vontade. Primeiro, é necessário ter consciência de que se é vítima do problema, ou nada mudará.

Quando se encontra num estágio em que os atos saem do controle, por exemplo, esmurrar alguém sem que se ache depois uma justificativa plausível, chegou-se ao momento de procurar um psicólogo clínico ou um psiquiatra. Mas se a situação é apenas de dificuldade de convivência, por intolerância, pânico, irritabilidade na convivência ou algo desse tipo, é tempo de tentar reverter o quadro com a ajuda de amigos e com a própria determinação em melhorar.

Mania de perseguição, mandonismo, mania de grandeza, complexo de inferioridade e crença na "teoria" da conspiração são algumas das formas em que a paranoia pode te enredar. Essas coisas podem se iniciar por causa de uma interpretação errônea acerca de alguns acontecimentos, ou de alguns aprendizados, que, com retroalimentação, passa a constituir um quadro patológico.

Tomemos o caso da "teoria" da conspiração, que precisa passar a ser tratada diretamente como "paranoia da conspiração", até mesmo para que o fato traga na própria nomenclatura um espantalho, que destrua a aura de seriedade com que ele costuma chegar à mente de suas vítimas. Um portador de "paranoia da conspiração" acredita piamente na "teoria" que explica dado acontecimento de forma contrária àquela aceita pela imprensa, e se alguém duvida de sua crença ele se mostra muito irritado. Um exemplo notório é o da derrubada das Torres Gêmeas de Nova Iorque, no dia 11 de setembro de 2001. A explicação padronizada para o fato é que fanáticos suicidas orientados por Bin Laden, o árabe líder do grupo Al Qaeda, destruíram os dois edifícios como represália à política dos Estados Unidos para o Oriente Próximo. A paranoia da conspiração tem uma explicação mais simples e mais direta: segundo ela, a queda das Torres foi provocada pelo governo dos Estados Unidos, através do Pentágono, para ser usada como desculpa para uma invasão de países árabes produtores de petróleo.

O desenvolvimento dessa paranoia pressupõe uma crença mais básica, que resulta de mau ensino escolar: governantes em geral são capazes de maquiavelismos tão profundos que o próprio Maquiavel jamais teria sido capaz de imaginar. Este autor, quando jovem, tinha tendência a desenvolver essa neurose. Numa conversa com um professor da USP e outro da Unicamp, foi alertado de que, ao contrário do que os jovens pensam, governantes não têm capacidade de urdir tramas maquiavélicas que se assemelhem a lances espetaculares de xadrez. Eles, quando muito, dão conta de seu ofício corriqueiro de governar. Mesmo aqueles que tomam Maquiavel como guia supremo limitam-se a domínios já transitados. Pessoas criativas correm o risco de cultivar essa paranoia, imaginando que o governante tem os mesmos dons que os grandes ficcionistas costumam apresentar. Isso ocorreu com o Professor John Nash, um dos grandes matemáticos do século XX. Num misto de mania de perseguição e paranoia da conspiração, ele acreditava que o serviço secreto russo, da então União Soviética, publicava códigos misteriosos na imprensa ocidental como mensagens aos agentes espalhados pelo mundo. Entregou-se a uma tarefa desesperada e duradoura para tentar identificar e decifrar esses códigos. Quando o problema alcançou o estágio de provocação de prejuízos, materiais e humanos, ele passou a sofrer internações hospitalares. Essas internações em si não o curaram, mas mostraram a ele que havia algo de errado em suas construções mentais. Ele então se curou sozinho, pela tomada de consciência do problema e pela própria força de vontade.

A história do Professor John Nash é emblemática. Ensina como muitos problemas mentais são autoinduzidos e como eles podem ser incinerados pelo portador. O ideal é que a vítima não espere tanto tempo, livrando-se rapidamente do tormento, antes que ele se instale de forma dramática.

Fármacos. Até que ponto remédio industrial é boa companhia?

É fato conhecido que muitas dependências em relação a pessoas são trocadas por dependências de objetos. Muitos que se gabam de não cair no vício do álcool ou do fumo, caem inocentemente na dependência dos fármacos. Nem é necessário ser hipocondríaco para desenvolver esse hábito, que se sustenta mais numa atitude de credulidade ou de deslumbramento pelos progressos da ciência e da tecnologia.

Ocorre que a base da ciência é a experimentação, sendo a verdade seu objetivo. Ora, em muitas situações, aquilo que se julga um resultado científico é apenas um estágio de experimentação. Quando na Idade Média os médicos aplicavam a sangria nos doentes para "purificar" o sangue, usava-se aí uma crença sedimentada no estágio da ciência daquele tempo.

A primeira noção séria que deve ser incorporada por quem pretenda abusar dos fármacos industrializados é que seu uso implica efeitos colaterais, em quase cem por cento dos casos.

O fármaco-dependente toma um remédio para curar uma dada doença e logo em seguida outro sintoma aparece, quando não mais de um. Então, ele volta à farmácia, munido ou não de receita médica, e adquire um novo remédio, talvez dois. Essa rotina levará o dependente a uma situação de servidão voluntária que lhe trará cada vez mais prejuízos, financeiros e sanitários.

Os farmacêuticos conscientes ganham com esses vícios, mas não ficam satisfeitos com eles. O ideal para o profissional de farmácia é curar a doença que ele não ajudou a surgir.

Se esse problema te atormenta, acostuma a utilizar remédios naturais: chás, sucos, legumes com poder medicinal e outros produtos que dificilmente fazem mal ao usuário. Mesmo assim é preciso ter cuidado, pois muitos alimentos não podem ser ingeridos diariamente, porque o corpo necessita de dois dias para o processamento das moléculas. Alguns desses são: ovos, pimenta, pimenta-do-reino e chocolate. Os ovos ingeridos diariamente são uma fonte quase segura da formação de aftas. Outros alimentos usados em demasia produzem espinhas e assim por diante.

Fármacos-dependentes, são, para todos os efeitos, dependentes de drogas. Alguns conseguem obter o "mix" que satisfará suas necessidades químicas. Certo estudante, que foi internado várias vezes por uso de entorpecentes, com o tempo fez amizade com os funcionários da farmácia do hospital e, daí, conseguia, durante os períodos de internação, produzir e ingerir doses de "remédios" que eram verdadeiros coquetéis alucinógenos.

Esse é um dos motivos que levam ao controle severo em relação à venda de medicamentos. Se houvesse liberdade de comprar qualquer remédio sem receita médica, é possível imaginar o que se poderia fazer.

Para se livrar da dependência dos fármacos o caminho mais indicado é trocar a prática da ingestão de remédios industrializados pelos produtos naturais, de preferência dosagem de dieta de alimentos saudáveis e de reconhecido poder medicinal. Certamente não há substituto natural para remédios como penicilina, por exemplo. Mas esses medicamentos sem substitutos naturais devem ser usados em ocasiões raras, nunca de forma sistemática e costumeira, a menos que sob rigoroso acompanhamento médico.

Uma jovem que passou de um momento para outro a depender de remédios e inalações contra ataques de bronquite asmática não havia percebido, até ser avisada, que o surgimento do problema coincidiu com o momento em que seu pai, desempregado e separado da esposa, madrasta dessa jovem, veio morar em sua casa e, dentro dessa mesma casa, fumava um maço de cigarros por dia, deixando o ambiente completamente impregnado de nicotina e outros poluentes contidos na fumaça tabagística. Neste caso, não se tratava de trocar o remédio industrializado pelo natural, mas de cortar pela raiz a produção daquele mal, que era a fumaça de cigarro no interior da casa. Desde então, seu pai passou a fumar na escada que dava para a rua, deixando a casa arejada.

Muitas dependências de fármacos, portanto, podem ser curadas pela simples eliminação da causa da doença que o cidadão imagina curar com os remédios industrializados. Mas nem sempre a coisa é tão simples, nem sempre se pode identificar de onde vem o problema. Assim, o mais conveniente é ir mesmo migrando para tratamentos naturais. Para isso existem muitos livros na praça, de vários preços e tamanhos e de múltiplos níveis de qualidade e rigor. É preciso ter cuidado com o charlatanismo, já que para medicar é necessário ter diploma reconhecido, mas para publicar livro, não.

Assim é que, recentemente, surgiu um livro no mercado sobre alimentação saudável e medicinal. É uma obra de encadernação caprichosa e chamativa, com milhares de cores, com miolo também muito colorido e em papel cuchê. Logo se constatou que as receitas medicinais do livro são uma fraude, o que já era possível perceber desde as primeiras propagandas. Não te deixes, portanto, impressionar com o colorido das figuras e o brilho do papel, pois tudo isso pode ter a intenção apenas de enganar e render lucro, o que não significa que um livro caro e graficamente muito bem trabalhado não possa trazer informação séria.

Máquina. Depender de máquinas pode vir a ser um problema?

A dependência frente à máquina é um fenômeno muito novo na história, razão por que não se dá muita importância a ela. Sabe-se que já no início dos anos oitenta do século XX alguns adolescentes da Coreia do Sul morreram de convulsão cerebral por passarem tempo demais sentados na frente do computador sem conseguir se desligar dos joguinhos. Até então não havia exemplos de tragédias provocadas pela dependência frente à máquina. A partir de casos assim é que os pais passaram a ter muito cuidado com o exagero de suas crianças no uso de computadores e videogames, mas essa precaução não impede o surgimento da dependência mórbida.

Dependendo de sua predisposição, uma criança que use o computador por apenas uma hora diária pode desenvolver essa dependência. As mais suscetíveis, ao que parece, são as menos dotadas intelectualmente, e isso é algo para se comprovar. Quanto menos dotado for o menino, mais ele se sentirá recompensado com o trabalho da máquina, que aparenta estar pensando por ele, e ele estará cada vez mais na "mão" dela, como aquele tarefeiro fraco de espírito que faz tudo o que o chefe da gangue manda. A outra possibilidade, esta muito minoritária, é a do garoto que domina muito cedo os processos de manipulação da máquina e passa a gostar dela como um piloto de corrida gosta de seus carros. Mas os pais não podem ter ilusão, pois o computador é uma máquina de funcionamento algébrico e lógico de alta sofisticação, de modo que para dominar seu funcionamento o jovem tem de conhecer bem pelo menos o conteúdo do último ano do ensino médio. Qualquer menino de oitavo ou nono ano escolar que se meta com programação de computadores estará sendo precoce demais, pondo o carro adiante dos bois, e isso é temerário quando se trata do desenvolvimento das capacidades mentais. Haverá o risco, porque casos já foram identificados neste sentido, de ele passar a ver os semelhantes com pouca condescendência, dizendo-lhes "não sois homens, máquinas é que sois", numa inversão do memorável dito de Charles Chaplin em "Tempos Modernos". Seja como for, há muitos docentes e líderes de sistemas educacionais permitindo e até recomendando o uso de máquinas eletrônicas nas salas de aula do ensino básico. Há até os que, não contentes por trocar a tabuada pelas calculadoras eletrônicas, pregam o fim da letra cursiva, argumentando que só a letra de forma é necessária na atualidade por ser a letra usada nos celulares e tábletes. Tais pessoas são ouvidas e têm muitos seguidores porque ainda não estão claramente configurados os males causados pelo uso dos aparelhos eletrônicos pelas crianças.

Que aparelhos são sadios para educar os pequenos? Seguramente, aqueles que eles possam desmontar e remontar, sem prejuízo de vê-los funcionando normalmente, como os carrinhos de madeira tracionados, quando muito, por elásticos ou coisa do gênero. Qualquer instrumento que dependa de circuitos eletrônicos deixa de funcionar quando desmontado e remontado, trazendo frustração para a criança, que se julgará incapaz de interferir nos artifícios que o mundo lhe apresenta. Neste sentido, a lâmpada de filamento é educativa, ao contrário das lâmpadas fluorescentes, pois na lâmpada de Edison a criança vê o filete de cobre aceso após ligar o interruptor e para entender o que está ocorrendo basta que alguém explique, ou que ela leia, sobre o fenômeno da manutenção da ignição elétrica encerrada no vácuo do bulbo de vidro, pois a faísca do choque elétrico pode ser conhecida e compreendida já nos primeiros anos de vida. Se a criança mexer na lâmpada e deixar entrar ar no bulbo, ela aprenderá que a lâmpada não mais se acenderá, mas isso não representará nenhuma frustração, pois ela sabe que só com uma outra máquina ela poderia retirar o ar da lâmpada para o filamento não se queimar, e isso é o que teria de ser feito por qualquer adulto. Não há mistério nesse processo, ao contrário do funcionamento do computador, que depende de bom conhecimento de lógica, funções e eletrônica, assuntos que estão muito além da capacidade de absorção de crianças ou pré-adolescentes.

Em Portugal, já antes do fim do século XX as crianças passaram a ser obrigadas pelas escolas a usar calculadoras nos exames de Matemática, o que levou a um problema econômico seriíssimo no país entre os anos de 2010 e 2011. Será sadio, portanto, impedir a criança de conhecer celulares, calculadoras eletrônicas e computadores? Nada disso. Essa proibição pode ter efeitos tão danosos quanto a de propiciar acesso livre. A criança deve conhecer esses instrumentos, mas não a ponto de ser dona deles ou de passar horas diárias manipulando-os. Quanto à calculadora, Pascal não a inventou para uso em sala de aula, mas para uso profissional em finanças, já que seu pai, o destinatário do invento, era fiscal de rendas.

Durante trinta anos, de meados dos anos quarenta a meados dos setenta, os adultos sabiam sobre os computadores, viam-nos, mas não podiam mexer neles, a não ser que fossem técnicos, e isso não deixou nenhum adulto com sequelas psíquicas. Para a criança, o fato de seu amiguinho ter um computador na mesa do quarto para jogar, ver mulher nua na internet e conversar pelas redes sociais, tudo isso pode causar inveja, mas isso durará até que os resultados futuros mostrem que o investimento daquele pai que entregou o computador para o filho foi algo mal feito – se alguém quiser fazer comparações, deve levar em conta que o poder aquisitivo das famílias precisa ser equivalente em ambos os casos, para que correlações espúrias não venham a fornecer conclusões disparatadas. Sim, ouvirás um defensor das máquinas dizer que o filho cresceu usando calculadoras eletrônicas e computadores sem que isso afetasse seu desenvolvimento mental. Mas deves levar em conta algumas inconsistências nessa afirmação "conclusiva": (a) o caso é de apenas uma pessoa, que não foi suscetível ao problema; (b) esse pai não tem como comparar seu filho com o que ele seria se não tivesse crescido cercado de máquinas eletrônicas; (c) se o filho desenvolveu algum viés comportamental ("máquinas é que sois"), a pessoa menos capaz de enxergar isso é o pai.

De todo modo, as pessoas que não veem problemas no uso precoce das máquinas eletrônicas são mais numerosas entre profissionais de áreas distantes da tecnológica que entre os próprios técnicos. Estes, em sua maioria, conhecem bem o perigo, essa bomba de efeito retardado que é a "intelectualização precoce da criança", para usar a expressão de V. W. Setzer, fundador do curso de Computação da Universidade de São Paulo.

Investimento. Há técnicas para se aprender a poupar e investir?

O contrário da dependência, num sentido amplo, é visto por muita gente como a independência financeira, aquele estilo de vida em que o cidadão chega ao fim do mês, de qualquer mês, sem ter gastado toda a renda de que dispõe. Essa situação é alcançada não quando se usa o dinheiro para se comprar tudo o que se quer, mas quando se consegue poupar, fazer um investimento no banco em algum tipo de depósito que tenha uma boa liquidez, i. e., se a pessoa precisar de dinheiro para a próxima meia hora, pode correr até a agência e sacar a quantia demandada (Joan Robinson afirma que quem simplesmente deposita em conta bancária não investe, porque quem investe é aquele que pega esse capital e o usa em alguma produção). Quem ainda não conseguiu manter esse fundo bancário precisa adquirir a disciplina necessária para chegar a isso. E se o problema é o ganho muito pequeno, tem de procurar ganhar mais, seja buscando um salário maior, seja criando um meio paralelo de auferir mais renda, como fazem aquelas mulheres que revendem *lingerie* a suas colegas no local de trabalho. Muitos administradores financeiros recomendam a *Técnica Aliche*, como um treinamento para se chegar a uma situação economicamente confortável. Que será essa Técnica Aliche? Trata-se de um acróstico, um mnemônico para um conjunto de atitudes e requisitos necessários à conquista dessa condição:

- Amizade (cultivar amizades que ajudem a ter bons empregos);
- Limite (estabelecer limite de gastos por período);
- Iniciativa (agir prontamente, não esperando a chuva cair na horta);
- Controle (do que é necessário e urgente, ou pode ser adiado);
- Hábito (manter o costume de poupar e de fazer investimentos);
- Educação (fazer cursos que qualifiquem para maiores ganhos).

Capítulo 7 - As sete fraquezas

Gula. Temos de nos preocupar com esse problema da gula?

Por causa da tradição da doutrina cristã na região, as sete fraquezas da cabeça, que na religião são os sete pecados capitais, não são um grande problema para os latino-americanos. A gula, por exemplo, é cultivada em muito menor proporção que nos Estados Unidos, e restringe-se quase que exclusivamente a grandes centros urbanos em que a facilidade de acesso a guloseimas tão variadas quanto irresistíveis domina a mente dos cidadãos que não têm muita afinidade com as virtudes cardeais da Prudência, da Fortaleza e da Temperança (como já foi dito, o mnemônico das quatro virtudes cardeais aristotélicas é *Jusprufortem*: Justiça, Prudência, Fortaleza e Temperança).

Os sete pecados capitais, ou da cabeça, são: gula, ira, luxúria (libidinagem), avareza, preguiça, inveja e soberba (o mnemônico é *Gilápis*). A gula situada em primeiro lugar atende aqui a dois propósitos, sendo um o da composição do mnemônico e outro o de mostrar que, se a gula não é um problema tão grave, os demais pecados mentais tampouco o são. Mas nunca é demais repetir que isso se deve ao fato de ainda soar forte no comportamento dos latino-americanos o trabalho missionário cristão, desde os primeiros cursos de alfabetização indígena no país no século XVI. Havendo relaxamento nessa doutrinação, ninguém pode garantir que não se perderá esse capital. Então é sempre prudente prevenir.

As campanhas contra a obesidade, que em grande parte dos casos é identificada hoje como um problema médico, cumprem o papel de continuar condenando a gula. Mas seria melhor manter esse costume através da tradição cultural, sem se precisar chegar à necessidade de usar a televisão ou o Ministério da Saúde para campanhas.

Ira. Há risco de aumento da ira na sociedade?

Muitos têm a impressão de que o nível de agressividade aumentou muito nos últimos anos, dado o aumento inquestionável do volume de assassinatos. Com certeza, a violência aumentou, mas não tanto quanto aparenta. Aumentou porque a televisão praticamente substituiu a cultura da cordialidade pela cultura da intolerância de certos grupos norte-americanos. Daí, o que mais cresceu foi a tecnologia da morte. Portanto, o pecado da ira não sofreu um incremento tão grande quanto se pensa no seio da sociedade, mas as agressões por arma branca, que antigamente levavam um pequeno percentual de atingidos à morte, foram trocadas pelas agressões auxiliadas por revólveres, que provocam morte certa na maioria dos casos.

Esse pequeno aumento na agressividade deve preocupar, sim. A cultura das crianças hoje é muito diversa da das crianças de quarenta anos atrás. Na "ética" deformada dos pequenos adolescentes deste começo de milênio, é "errado" separar brigas. Quando dois incautos se atracam, os outros devem assistir à peleja – gritando exortações como em brigas de galos -, e nunca tentar separar. O que a assistência quer ver é o quanto de machucados o vencedor imporá ao vencido.

Independentemente do que ela transmite, a televisão também torna os jovens impacientes e, em certos casos, intolerantes. Como tudo nela se resolve no curto prazo, e informações que o colégio regular só passa à criança depois de seis ou sete anos de preparação são passadas nela em questão de minutos, a juventude tem desenvolvido um "pathos" de ansiedade com o qual se tem muita dificuldade de lidar.

O exercício para a superação do pecado da ira é o cultivo da paciência, que se inclui na virtude da Fortaleza. Quem tem força de caráter é paciente e é tolerante, e por isso muito dificilmente vê-se tomado pela ira. Procurar compreender as razões das falhas dos outros é o caminho para não se irritar mais do que o razoável.

Se andas muito irritadiço, pego de surpresa em estado de ira com muita frequência, podes estar demasiadamente envolvido com algum problema cuja solução não está à vista. Neste caso, convém convencer-te de que grandes soluções dificilmente dependem só de ti, mesmo que sejas o chefe do governo. E se os outros te irritam porque estão atrasando a chegada dessa solução, lembra-te sempre de que eles não têm culpa por serem pouco capazes ou pouco educados.

Luxúria. A luxúria pode se transformar em doença?

O pecado da libertinagem atinge pequena parcela dos latino-americanos, embora essa gente seja em geral mais sensual do que a população da maioria dos países (há os que confundem luxúria com vaidade, por causa das três primeiras letras da palavra). Luxúria significa comportamento exageradamente libidinoso e, na linguagem dos dias de hoje, é mais bem representada pela expressão "abuso sexual".

Nos Estados Unidos esse é um problema que ocorre com uma frequência muito maior que na América do Sul. Há, por exemplo, o caso conhecido do ator Michael Douglas, filho de Kirk Douglas, que precisou internar-se para tratamento contra a incontinência sexual.

Certamente, o sexo em dias alternados é sadio, já não se podendo dizer o mesmo do sexo diário e repetitivo, que produz espinhas nos jovens e tédio-de-rotina nos mais velhos. Os jovens enamorados, nestes tempos de antecipação e liberalização de hábitos sexuais, precisam ter cuidado no uso de sua libido.

A inteligência incipiente da espécie humana destruiu o cio da mulher, transformando-a em parceira sexual de qualquer fase do mês ou do ano. Isso foi positivo para dar uma motivação a mais para a valorização da vida, mas não deveremos nunca deixar de nos questionar sobre o acerto dessa intervenção drástica na natureza. É provável que isso tenha servido para diminuir as brigas entre os homens na disputa das fêmeas no cio e, se assim foi, então a decisão da coabitação com a consequente diluição do período de receptividade foi algo correto e foi uma atitude sábia de nossos ancestrais. Do contrário, se foi só pelo hedonismo, teremos de continuar com nossas dúvidas. Pois uma consequência terrível disso no longo prazo é a saturação da capacidade habitável da Terra. Os que rejeitaram Malthus sem ler seus textos não tiveram consciência da dimensão do problema por ele levantado. Os países que atingiram primeiro esse estágio da coabitação em residências e daí em aglomerações urbanas constituídas como cidades estão hoje no limite suportável do adensamento demográfico. A facilitação do acesso ao sexo representou, assim, uma violência contra a natureza e a acumulação de uma dívida que de tão pesada jamais poderá ser paga. O custo será alto demais quando chegar a cobrança inexorável, no momento da exaustão dos recursos do planeta. E mesmo ante toda essa abundância de oferta de sexo, há os insatisfeitos, que sempre querem mais.

Os que se entregam à luxúria fazem-no por cultivar uma filosofia romântica, de sobreposição do corpo sobre o intelecto, ou por ser vítima de uma doença, da qual o ator Michael Douglas julga ter sido acometido. Essa segunda situação é algo raro na América do Sul, embora de vez em quando surjam os tenebrosos tarados nas noites das grandes cidades, amedrontando as jovens que precisem circular pelas ruas. Os que possuem essa doença não são objeto de nenhuma tolerância por parte da sociedade, sendo vistos inclusive pelos presidiários, que nunca os perdoam, como a pior escória de sua espécie.

Mas os luxuriosos românticos são apenas o fruto de uma educação mal-direcionada. Se este é teu caso, e tomara que não sejas tido como luxurioso, é importante que tomes contacto com filosofias mais elevadas, trocando o sensualismo e o romantismo por doutrinas como o estoicismo e o idealismo platônico, sem deixar de mergulhar também no cristianismo paulino, munido do senso crítico necessário à compreensão sadia dos textos antigos.

Temos acompanhado a tendência de absolvição das práticas que até bem pouco tempo atrás chamávamos de "desvios sexuais". A exceção tem sido a chamada "pedofilia". Antes, um adulto que engravidasse uma adolescente menor de idade era obrigado a casar-se com ela, para constituir família e cuidar do rebento. Pelo entendimento atual (do final do século XX), esse rapaz atrevido vai para a cadeia, deixando a menor e sua cria sob cuidados da avó materna, quando essa avó concorda com a incumbência. No caso de a menina ser engravidada por um jovem menor de idade, inimputável, espera-se que a avó cuide da criança e o rapaz continue livre, para arrumar outros filhos com outras adolescentes desavisadas. O sexo entre menores de idade não é mais visto como problema, já que são inimputáveis. Entre um homem adulto e uma adolescente menor, isso é intolerável no entendimento dos códigos destes tempos. Entre duas ou mais pessoas adultas, de idade maior, tudo é válido e passou a ser politicamente incorreto mencionar-se o conceito de "desvio sexual". Ora, existe uma prática sexual sadia. É muito importante que as escolas e os pais instruam as crianças quanto a isso, de uma forma clara e decisiva. Os que extrapolam os limites dessa sanidade, por mais idosos que sejam, devem fazê-lo por não conseguirem vencer suas pulsões, sem envolver pessoas sãs nas suas experiências. Se os pais ficam insatisfeitos por verem um filho menor de idade assediado por um homem maior de idade, por que terão de ver com bons olhos esse mesmo assédio quando seu filho tiver dezoito anos completos? Muitos dirão que nessa idade o menino será dono do seu nariz. Sim, mas ele deve iniciar uma prática homossexual apenas se não for capaz de vencer uma provável pulsão de que seja portador. Muitos garotos iniciam-se nessa prática sem terem nenhuma tendência para isso, apenas para pagar algum trato frente a outros já iniciados no assunto. As famílias precisam dar orientações precisas quanto a essas possibilidades. Nenhum homem será sodomita antes de praticar sodomia, e não o será enquanto apenas imaginar ou desejar sê-lo. Se não tiver nenhuma pulsão nesse sentido, ele estará livre da prática desde que não ceda ao assédio de outros, e para isso uma boa orientação é fundamental. Se ele tem propensão, se deseja ter relações sexuais com pessoas do seu gênero, mesmo assim não se tem como líquido e certo que será sadio passar da fantasia à prática. Se o terapeuta manda realizar o pretenso desejo e o ministro religioso manda resistir à tentação, então o rapaz terá de tomar uma decisão crucial. Se o terapeuta tem conhecimento de causa para fazer aquela recomendação, então esse é o ponto de vista dele. Ele experimentou e aprovou. Não significa que isso será bom para o rapaz que se encontra em dúvida. Se o terapeuta não experimentou, nem por experiência pessoal ele tem autoridade para encaminhar o rapaz para o caminho da prática homossexual. Muitos ficam horrorizados quando escutam religiosos católicos exporem sua posição quanto à resistência aos apelos de práticas sexuais abusivas. Mas os religiosos rigidamente dogmáticos, os que fizeram votos de castidade, não só aprenderam a resistir a apelos de desvios sexuais como também aos apelos do sexo heterossexual, não-consanguíneo, normal e universal. Se alguém tem autoridade para pregar a resistência, este é aquele religioso. É certo que ele não pode ser modelo para o comportamento sexual do indivíduo leigo. Mas o leigo, mesmo assim, tem nele o exemplo extremo do controle da vontade (esqueçamos aqui os padres fracos que envergonham a hierarquia católica). Ninguém é motorista porque desejou dirigir carros, ninguém é arquiteto porque desejou cursar arquitetura e desenhar casas, ninguém é dentista porque desejou tratar de dentes, sem ter prática de odontologia. Assim, ninguém é sodomita porque desejou praticar sodomia, assim como ninguém é pedófilo porque se imaginou em cena de sexo com menores de idade. Pedófilo é quem praticou pedofilia, homossexual é quem praticou homossexualismo. Ninguém pode ser condenado por imaginar ou desejar, embora o desejo seja o pecado capital (*i. e.*, pecado do *caput*, da cabeça). O sentido do pecado capital é: alimentar na imaginação uma certa transgressão leva ao planejamento da ação. Por isso é um pecado, não um crime. Como alguém se livra do pecado? Livrando-se do desejo, conforme preceitos do budismo e das religiões mosaicas. Mas se o crime é praticado, não há como se livrar dele, e apenas se pode, quando muito, purgá-lo, isto é, pagar a punição que porventura se ministre para o caso. Toda a discussão, todas as digressões quanto a essas questões têm esse sentido: as pulsões existem, os apelos existem, os assédios existem, e a força de vontade é o capital maior do indivíduo no seu momento de tomada de decisão. Cultiva e fortalece tua força de vontade. Lembra que o boneco Pinóquio passou por muitas dificuldades antes de realizar seu sonho de se tornar gente porque caía facilmente na conversa dos espertalhões. Este livro trata das quatro virtudes cardeais aristotélicas, Justiça, Prudência, Fortaleza e Temperança, mas com ênfase especial na virtude da Fortaleza.

Avareza. Algum grau de avareza é uma coisa boa?

Eis um pecado capital que, de tão raro entre os latino-americanos, confirma o forte "inprinting" das pregações cristãs contra todos os sete pecados. São muitos os cidadãos que tentam se dar bem no comércio, por exemplo, e não vão para frente por falta de um pouco de sovinice. Aquele comerciante que investiu suas poucas economias em estrutura e mercadorias não tem coragem de negar fiado para seus conhecidos, que o levam ao chão em poucos meses. E muitos nem compram a crédito, mas ganham de graça mesmo.

Que há latino-americanos sovinas não há dúvida. Cada pessoa conhece pelo menos um que é capaz de dar a vida por um centavo. Mesmo assim, os avaros são em número muito reduzido, e o comportamento modal de nossa gente é o da generosidade, bendita em todos os aspectos, não obstante o prejuízo daquele infeliz comerciante.

As próprias campanhas de poupança enfrentam não só a tendência à dissolução, mas também a virtude da generosidade.

Se tendes a alimentar o vício da avareza, lembra que poupar é muito importante e é até uma questão de boa educação, mas que a generosidade sã, aquela que não implique deformação do caráter dos pobres, não deve ser nunca abandonada. O que se deve combater mesmo é a tendência ao desperdício e aos gastos. Um indivíduo perdulário é quase tão pouco confiável quanto um dependente de álcool.

Preguiça. Como escapo da tentação de me tornar preguiçoso?

Embora muitos achem que os sul-americanos são dados à preguiça, essa é uma impressão errada. Nos Estados Unidos, os imigrantes sul-americanos são respeitados como gente trabalhadora, que não demonstra rejeição a trabalhos pesados – o que comprova o efeito do preconceito dos compatriotas em seu próprio território quando no Brasil e na vizinhança muitos se recusam a "pegar na enxada" na frente dos outros.

É necessário, pois, não confundir preguiça com recusa a trabalho manual em decorrência de preconceito alheio. Eliminada a doença da "ergoquirofobia", veremos que os sul-americanos são tão trabalhadores que, em pouco tempo, o país estará numa situação econômica invejável.

Um risco imenso que está correndo a diligência brasileira é a situação de verdadeiro descalabro no ensino. Sob o mau ensino que tem sido fornecido às crianças pelos sistemas educacionais brasileiros, os pequenos têm desenvolvido uma nova tendência ao descumprimento dos deveres, o que era de se esperar (copiam-se modelos educacionais de países que já cultivavam um mau ensino para que os brasileiros desenvolvam os maus hábitos que antes não possuíam).

Servem para ti e para os teus próximos as recomendações a seguir, no caso de perceberes algum viés para o lado do desenvolvimento da preguiça.

Deves acostumar-te a firmar compromissos mentais contigo mesmo. Um exemplo é o de terminares os trabalhos começados. Há um número muito grande de pessoas que começam projetos e os deixam no meio do caminho, sem uma finalização. Se estás neste caso, faz a ti mesmo a promessa de que completarás teus projetos e programa-te para fazer-te a cobrança no caso de essa promessa não ser cumprida.

Outro problema que moureja no cotidiano de muita gente é o de protelar projetos, tendo até mesmo a sensação de que eles não terão um termo. Um exemplo básico é o da escrita de um livro, mais especificamente de uma tese. Muitos fazem curso de pós-graduação e não recebem título porque nunca chegam a finalizar sua tese. O remédio é parecido com o ministrado acima: fazer a promessa de que se completará o projeto. Mas aqui há algo mais. Fecha-se o compromisso de si para si no sentido de trabalhar diariamente na feitura do livro. Em dias de mais entusiasmo e tempo podem ser escritas várias páginas. Em dias pobres de inspiração, escrevem-se algumas linhas. O importante é manter como ritual esse compromisso de escrever pelo menos uma linha a cada dia. Em questão de três meses uma tese estará escrita, seguramente.

Se estás com preguiça de sair de casa para ir trabalhar, pensa primeiro no prejuízo de cederes a esse capricho. Mas não penses apenas no prejuízo específico desse momento. Pensa com melhor cuidado nas perdas que advirão da transformação dessa tendência em vício. Também os preguiçosos são quase tão mal vistos quanto os alcoólicos.

Inveja. Devo aceitar que me estimulem a sentir inveja?

Embora de um modo geral os sul-americanos não sejam invejosos, sempre em decorrência da formação cristã, há algumas regiões que cultivam essa praga como defeito provincial. Como o defeito "pega mal", sua manifestação é quase sempre disfarçada e às vezes só depois de convivermos anos com a pessoa descobrimos que ela é invejosa.

As pessoas invejosas são temidas porque quase sempre são indivíduos que não centram esforços nos seus projetos, dispersando suas preocupações com a tentativa de seguir a trilha dos outros. Nessa prática de mirar os outros e invejá-los, muitas vezes a pessoa visada sente-se tolhida e isso dará a sensação de que a influência do invejoso puxa-a para baixo. Pode até mesmo ser que puxe, por mecanismos psicológicos que ainda não conhecemos.

O certo é que ninguém quer um invejoso como acompanhante, nem mesmo outro invejoso. Muitas vezes a macaquice é confundida com inveja e esse é mais um motivo para se fazer campanha contra a mania brasileira de copiar.

Pois a cura da inveja passa pelo mesmo mecanismo da cura da macaquice. É necessário prezar a originalidade, valorizar a busca do caminho próprio. O invejoso não tem esse caminho e o "macaquito" não o quer. Mas é necessário buscá-lo e apreciá-lo.

Se achas que às vezes sentes inveja dos outros, lembra que só és igual aos outros no formato, pois somos todos da espécie humana. Tuas impressões digitais são únicas e é única tua personalidade. Se te sentes infeliz por não seres o que outro é ou por não teres o que outro tem, entende que aquilo que o outro tem não é nada frente ao que muitos milionários têm por aí. Se invejas o carro de alguém, pensa nesse momento que esse infeliz pode estar invejando o iate de outro mais rico. Se invejas o modo de ser dele, pensa o mesmo quanto à relação entre ele e outro que ele julga superior. Se invejas a fama de alguém, lembra que a liberdade é muito mais importante que isso. Adquire os bens que são compatíveis com tuas características pessoais, que não são iguais às de ninguém mais. Deves disciplinar-te para te sentires em má situação se te surpreendes adquirindo algum produto movido por inveja. Algumas propagandas televisivas procuram despertar o sentimento da inveja para vender certos produtos. Foge delas.

Soberba. Gente preconceituosa pode mudar o sentimento?

Muita gente se pergunta se o preconceito não é um pecado capital. É, sim. Todas as formas de preconceito estão incluídas no grande vício da soberba. Se é muito comum entre os sul-americanos? Não entre os humildes, a imensa maioria das pessoas. Mas entre as classes médias e a classe dominante ele mostra sua cara, aqui e ali. Preconceito de cor, preconceito de classe, preconceito contra o trabalho manual, todos esses são defeitos que se manifestam como soberba. Se alguém se julga naturalmente acima dos outros, naturalmente melhor que seus próximos, manifestando isso em gestos e decisões, este é um assoberbado, que teve a infelicidade de receber deseducação no berço, em lugar de educação. Infelicidade porque se há algo que afasta possíveis amigos é a soberba. Só os que têm o mesmo defeito toleram essas figuras. Nas salas de aulas, um adolescente ou um jovem com tal "distúrbio" vê-se rejeitado pelos colegas como uma espécie de extraterrestre incomunicável.

Residir em condomínio de altíssimo luxo, ter costume de fazer compras na loja dos produtos mais supervalorizados da cidade e nunca circular em veículos de transporte coletivo terrestre, como ônibus e metrô, são um passo seguro para o desenvolvimento do vício da soberba. Pois o condomínio que se julgava seguro está nas mãos dos assaltantes tanto quanto qualquer condomínio barato, os produtos caríssimos daquela loja sofisticada são os mesmos que se encontram em lojas comuns com preços que não chegam a dez por cento dos de lá e os ônibus urbanos, embora muito lotados em certos horários, levam a todos os pontos importantes da cidade. Quem viaja neles dá prova de que não sente rejeição à proximidade dos cidadãos das classes populares.

Se pagas colégios caríssimos para teus filhos sabes muito bem que não estás em busca de bom ensino, mas de exclusão. Queres formá-los em lugar onde estejam excluídos os pobres e os de pele escura. Se pensas que nesse colégio caro há mais segurança, enganaste, pois nele 25% são usuários de drogas, contra 5% nas escolas oficiais, conforme pesquisas sérias já realizadas. O argumento de que os colégios públicos ou comunitários têm baixa qualidade de ensino não te isenta, pois essa baixa qualidade é causada exatamente pelo abandono dos que usaram esse raciocínio antes. Quanto mais a classe média fugir da escola pública, buscando inconsciente ou subrepticiamente cultivar a soberba, mais a qualidade de ensino para ambas as castas será prejudicada, pois só existe bom ensino em situação de vida democrática, em que a meritocracia é elemento essencial. E o argumento de que é a Igreja Católica que exige a manutenção do ensino básico nas mãos dos "colégios pagos" não se justifica, porque na França as escolas confessionais católicas não cobram taxas, tendo seus professores pagos pelo poder público, sem que o Vaticano apresente restrições ao sistema.

É a intervenção dos pais, antes de qualquer coisa, que eleva a qualidade do ensino na escola da comunidade. Se os pais acham que o papel da escola é guardar trancados seus filhos e garantir a aprovação deles a qualquer custo em todas as matérias, aplaudindo os ex-professores e os políticos demagogos que alimentam essa perversão, então não há como melhorar o ensino, mesmo o ensino privado, e caro, nos países onde isso é permitido. Se, ao contrário, aceitarem o acesso democrático e a meritocracia – não a formação de classes homogêneas – e tiverem consciência de que o papel do colégio de seus filhos é prepará-los para a liberdade de escolha, de posse do domínio dos conteúdos e das habilidades que os jovens adquirem nos melhores colégios do mundo, então eles têm condições de exigir e de obter uma boa escola em seu bairro.

Os preconceitos são como os obstáculos não-removíveis. Estes não devem ser destruídos, mas contornados. Uma pessoa que cultiva preconceito de cor não mudará seu sentimento nem mesmo sob fortíssima doutrinação religiosa. Nada impede, porém, que uma pessoa racista torne-se polida, e a saída é exatamente esta.

A mera discussão sobre racismo pode representar nada mais que prática racista e ela só é cabível quando trata da busca de mecanismos de superação do problema, isto é, de garantia de isonomia na prática.

O crime de racismo não se refere a sentimento, mas a manifestação. Entre dois indivíduos, um levemente racista e outro terrivelmente racista, o primeiro será preso se manifestar suas impressões, enquanto que o segundo, se for polido e guardar para si seus sentimentos prejudiciais, agindo com equanimidade, estará livre de qualquer punição. Se este indivíduo polido abstém-se de manifestar seu racismo diante de seus filhos, ele transmitirá a eles não só sua polidez, mas também a ausência do sentimento doentio do racismo.

Capítulo 8 - Os quatro caminhos

Para que venhas a ser uma pessoa dotada de força de vontade, há caminhos diversos. Os caminhos mais fáceis são mais eficazes, porém, menos eficientes. Os caminhos custosos são os realmente eficientes, embora menos eficazes. (Eficaz é aquilo que faz alcançar o resultado sem consideração do custo; eficiente é aquilo que leva consistentemente ao objetivo através do bom uso dos recursos.)

Na análise de fatores de sucesso-fracasso os caminhos sofrem interferências de duas frentes: as dos fatores externos e as dos fatores internos. Entre os fatores externos destacam-se o do tipo material, quando a escassez ou a abundância de oferta do produto de que queres te libertar atrapalha tuas estratégias, e o do tipo afetivo, quando tuas possibilidades de te valeres de um caminho recebem as influências positivas ou negativas de pessoas que estão ao teu redor. Em geral o cônjuge e os parentes próximos, bem como os amigos, são peças essenciais na construção da virtude cardeal da fortaleza no indivíduo. Se uma pessoa parou de fumar no dia anterior, por exemplo, e recebe elogios e votos de sucesso de parentes e amigos, suas chances de manter o propósito aumentam significativamente se comparadas à de alguém que não tenha recebido nenhuma palavra e nenhum gesto de apoio das pessoas próximas.

Antecipando Maslow, ao frisar sempre a necessidade do reconhecimento externo como um valor mais alto na formação da conduta da criança, um professor de Wisconsin escreveu: "A simples consciência de sua própria habilidade (para sua mente, seu valor próprio) não lhe garante suficiente prazer; que deve ser reforçado pelo real reconhecimento por parte de outros." (The Psychology of Conduct - Hermann Henry Schroeder, State Normal School, Whitewater, Wis., Chicago Row, Peterson & Company, 1911.)

É muito comum o caso do rapaz que parou de beber há alguns dias e, por azar, encontrou-se com os velhos companheiros de bebedeira, devidamente munidos dos líquidos de que ele tentava fugir. Os dois tipos de fatores externos estavam presentes: a oferta material e o convite afetivo. Num caso mais emblemático, uma senhora foi presa tempos atrás porque se descobriu que ela vinha mantendo amarrado seu filho menor de idade, que era dependente de drogas. Com a prisão da mãe, o filho resgatou a liberdade de que a mãe o vinha privando e em poucas semanas veio a falecer. Se o sistema jurídico-político não tinha alternativa sadia para a atitude da mãe, que agia no sentido de evitar que o filho mantivesse contato com os fatores externos que o vinham destruindo, sua ação de punir aquela mãe teve simplesmente o papel de acelerar a tragédia previsível. Viu-se aí o uso insensato da lei contra a aplicação do princípio do mal menor.

É sabido que motivação é elemento intrínseco do indivíduo, e que, portanto, ninguém motiva ninguém. Mas as pessoas incentivam-se umas às outras para que se obtenha sucesso nos empreendimentos. Com esse incentivo vindo de pessoas afetivamente próximas, sempre fica mais fácil atingir um objetivo. O fardo fica menos pesado, no entanto, quando a exortação vem no sentido da fraqueza ("Bebe pelo menos um copinho aí para nos fazer companhia"), todo o esforço pode desfazer-se no ar, como um balão plástico muito cheio que repentinamente encontra a ponta de um alfinete.

Quanto às decisões de foro íntimo, dependentes de fatores internos, o caminho mais fácil-eficaz e específico é o da conversão religiosa. Se alguém se deixa doutrinar para uma prática religiosa codificada, seu livro sagrado lhe dará diretrizes para vencer as tentações que empurram para os vícios. A saída é eficaz porque a mente da pessoa estará bem protegida pela doutrina. Mas não é eficiente porque o sadio exercício da dúvida pode ser fatal para a estratégia. E a pessoa não deve esquecer que, se for criar preces, mensagens espirituais ou mesmo poesia laica, deve primeiro, antes de pronunciá-las, escrevê-las de olhos fechados (se for no computador, pode olhar a tela, mas não o teclado), de modo a estar livre do "olho universal", que é a possível perversão de interpretação que o inconsciente da humanidade produz. Só é inédito aquilo que nunca foi visto por nenhum olho humano. Religião não é uma brincadeira, tampouco um passeio.

O caminho mais custoso-eficiente e geral é o da filosofia, sempre embasada em resultados científicos. Mas entre esses dois extremos temos o meio termo da política, sindical ou partidária, e o do empreendedorismo.

Na política há um alto grau de eficácia, principalmente para as pessoas menos independentes, porque quase sempre um guru-pedagogo, ou um grupo deles, serve de guia ao neófito e dará a ele um conjunto pretensamente saudável de normas de comportamento.

No empreendedorismo o grau de eficácia cede lugar à eficiência, pois o cidadão tem de desenvolver métodos para alcançar os objetivos traçados, sabendo que a chance de sucesso está muito atrelada ao desenvolvimento de um caminho próprio.

No comércio, por exemplo, não é possível progredir sem abandonar a prática perdulária. E embora ainda haja casos de grandes comerciantes com filhos drogados, não se pode crescer no comércio gastando com o uso de drogas. Portanto, a decisão de se tornar um empreendedor leva à disciplina intelectual que tem como resultado o cultivo de uma consistente força de vontade.

O domínio da filosofia instrutiva, a que enxerga com profunda base crítica os estágios inferiores do romantismo político, do cinismo e do hedonismo, é, finalmente, o caminho eficiente e superior que se deve trilhar para a conquista da posse da força de vontade.

Deve-se levar em conta que "filosofia" hoje significa "metodologia científica". Pode-se andar por esse caminho sem necessidade da prática religiosa (se a pessoa não a tem), sem reuniões sindicais ou partidárias e sem se tornar agente de negócios. É, portanto, o caminho da liberdade.

Os caminhos, pois, (a) religioso, (b) político, (c) empreendedor e (d) filosófico representam uma escala progressiva, o que não significa que a pessoa deva percorrê-la de uma ponta a outra, necessariamente. Cada pessoa deve buscar a saída que melhor lhe convém. Mas, em não se atingindo o caminho instrutivo-filosófico, deve-se ter sempre em mente que qualquer fanatismo representa o oposto da força de vontade.

Apêndice

Destilados - cinco séculos de cirrose
(Um apelo aos líderes do clero)

Há milênios existe embriaguez. O que há de novo nessa história é o alcoolismo, que só se desenvolveu após a invenção da bebida alcoólica destilada, em 1498.

Alimento. Podem ser lidos muitos relatos sobre pessoas embriagadas nos séculos anteriores, mas o uso que se fazia das bebidas alcoólicas fermentadas era o de complemento alimentar - cerveja, vinho e saquê eram bebidas tomadas durante as refeições - ou o de elemento animador nas festas. A história do indivíduo dependente de álcool, que sustenta o dono da taberna enquanto tem renda para isso, começou naquele ano de 1498, com os destilados.

Mentiras. Mente quem, bêbado, provoca acidente de trânsito e diz que bebeu apenas uma latinha de cerveja; sim, a latinha foi consumida, mas acompanhando doses de destilados, porque uma cerveja altera, quando muito, os reflexos de um adolescente novato, de alguém que nunca ingeriu bebida alcoólica, não de alguém que já tenha bebido antes. Mente quem diz que o efeito da cerveja e do vinho é o mesmo das bebidas destiladas. Mente quem está caído na calçada por embriaguez e diz que só ingeriu cerveja. É claro que a mesma molécula de álcool se encontra nos destilados e nos fermentados e, por isso, ex-alcoólicos têm de evitar tanto um tipo como outro. Mas os que por alcoolismo perdem o emprego e destroem a própria família jamais o fizeram por ingerir apenas bebidas fermentadas; o destilado é o problema.

Trevas. Se alguma coisa na modernidade foi inventada sob inspiração do espírito maligno, esta foi a bebida destilada. Como potencial destrutivo, ela tem no corpo o efeito da soda cáustica, embora sua ação seja muito lenta. Já é o momento de deixarmos de tratá-la como bebida, passando a vê-la como "água cáustica industrializada".

Liberdade. Muçulmanos e pentecostais conseguem manter seus fiéis longe do alcoolismo igualando e condenando fermentados e destilados. Isso mata, via religião, uma tradição de milênios, que é a de fazer refeições acompanhadas de fermentados, e tolhe a liberdade do indivíduo de experimentar bebidas que não são maléficas.

Proibição. A Lei-Seca, nos Estados Unidos, sofreu dessa crença prejudicial de que destilados e fermentados causam o mesmo dano.

Além disso, não levou em conta que dependentes de álcool procurariam contraventores que lhe satisfizessem as necessidades. A proibição foi, portanto, sabotada, e, desde então, tornou-se tabu tentar eliminar os destilados dos costumes etílicos ocidentais.

Motoristas. Eis que na virada do milênio quase todos os cidadãos tornaram-se motoristas de seus próprios veículos. Bebida alcoólica na direção de automóveis passou a ser uma das grandes causas de mortes por acidentes. O que os governos têm feito é multar quem usa bebida alcoólica, fermentada ou destilada, e sai dirigindo. Nisso vai implícita a ideia de que não há problema em beber, desde que não se dirija em seguida. Os governos estão, assim, deseducando as populações. Beber destilados é, sim, ato despropositado. Se o indivíduo argumenta que tem direitos sobre o próprio fígado, ele deve ser alertado de que bebidas destiladas são um problema primeiro para sua família e para seu local de emprego, se é que ainda tem lugar na família e no trabalho.

Católicos. Católicos sem formação catequética podem ser convencidos facilmente a abraçar religiões que condenam a ingestão das bebidas fermentadas. Mas os católicos de base sólida não se abalarão com tal pregação. No entanto, não veem a diferença brutal entre uma dose de conhaque e um copo de vinho. Não foram avisados de que a bebida destilada é que os tornarão dependentes e destruirão seu fígado, arrancando-lhe seu emprego e sua família, coisa que o vinho e a cerveja, sem destilados, jamais farão. É tempo de deixarmos esses pontos claros. Será bom que a Igreja Católica ajude os governos condenando os destilados, sem atacar as bebidas fermentadas. Enquanto ambos os tipos de bebidas forem vistos como igualmente danosos, nada melhorará. Os párocos devem proclamar a seus fiéis os males dessa invenção terrível que é o destilado usado não como combustível, mas como bebida. Os pais devem doutrinar seus filhos desde cedo contra a confusão de enxergar num produto químico destrutivo, que é o álcool destilado, seja de cana, de uva, de banana, de batata, de malte ou de milho, uma bebida que pode trazer alegria ou consolo, quando ele só traz infelicidade para os familiares e amigos, e morte lenta para aquele que o ingere.

Posfácio – "O orvalho vem caindo"

Este é um livro sobre comportamento, de aplicação prática da Psicologia da Conduta, não um livro de autoajuda. Ninguém motiva ninguém. O que se pode fazer é informar e, com isso, tentar despertar o potencial adormecido dentro da pessoa.

A formação em Administração, a prática em ministrar palestras universitárias e a experiência no magistério, seja como coordenador de escola, seja como docente de disciplinas básicas do ensino médio, deram a este autor largo treinamento na observação de como os jovens se portam, do que ele extraiu valiosas e numerosas lições, que divide agora com o leitor.

Certamente alguns pontos do livro podem parecer estranhos, até mesmo contrários ao bom senso. Mas, quando este é o caso, o leitor é convidado a substituir "bom senso" por "senso comum tradicional". Aquilo que nos parece incongruente é, muitas vezes, apenas incompatível com padrões que estamos acostumados a vivenciar, sem questionamentos.

A quase totalidade das pessoas que fazem da rua sua moradia, dormindo nas calçadas ou nos gramados, é composta de dependentes de álcool. Há também os que foram levados a essa condição por uso de narcóticos e os que estão dormindo ao relento de modo temporário por culpa de uma pobreza extrema, à espera de algum emprego. Estes últimos formam um contingente minoritário.

Seja qual for o motivo que tenha levado o indivíduo a dormir na rua, é sabido pelos mais experientes nessa vicissitude que não convém dormir à noite, se o local do repouso é o centro de alguma grande cidade. Os que têm conhecimento de causa dormem durante o dia, porque no período noturno pululam os neonazistas sempre prontos a incendiar ou matar a pauladas os indivíduos sem-teto que se arriscam a dormir nesse horário, quando as ruas ficam esvaziadas do fluxo de pessoas. Os sacrificados costumam ser os migrantes muito pobres, recém-chegados e desinformados. Se nos bairros residenciais afastados do centro da cidade os moradores de rua recebem uma certa proteção dos vizinhos, e até do guarda noturno, não é isso o que ocorre na região central, terra de ninguém. Ali, os neonazistas dão as cartas. Os alcoolizados e os dependentes de outras drogas dormem muitas vezes à noite por não ter mais autocontrole e, mesmo conhecedores dos perigos de sua condição, expõem-se ao morticínio.

Governantes conscientes procuram retirar do centro das grandes cidades - levando a albergues, a hospitais ou a outras áreas menos cruentas - essas vítimas potenciais daqueles desequilibrados. Mas sabem que terão de enfrentar os entraves da lei e ainda a gritaria de certos românticos, esses que confundem a proteção aos desvalidos com a tentativa de limpeza de território, chamando essa política de "higienista", em sentido irônico. Eles lutam com todo ânimo para manter os moradores de rua dormindo nas áreas de perigo, mas quando estes são assassinados desaparecem como éter. Não querem ser acusados de aliados dos matadores.

Tratando especificamente sobre álcool, proibir os destilados aos adolescentes e liberá-los sem restrição aos maiores de idade é a tradição, mas não é a melhor maneira de desestimular a atração que os jovens possam sentir por esse produto. A forma mais eficiente de minimizar a atratividade é criar empecilhos para os mais velhos, deixando claro que ao jovem é permitido porque não se espera deste muita responsabilidade, mas, sim, que ele tenha chance e tempo para amadurecer. Mesmo assim, o maior de 21 anos, que não poderá pagar por doses no bar, terá permissão para comprar garrafas lacradas no supermercado e levar para casa. E para inibir também essa forma de compra, a carga tributária sobre destilados deve ser pelo menos o dobro daquela aplicada sobre as bebidas alcoólicas fermentadas. A fiscalização e a punição sobre vendedores clandestinos, que se aproveitarão das restrições, devem ser endurecidas.

Por que uma proibição total não funciona? O que levou ao fracasso da "lei seca" nos Estados Unidos é muito fácil de entender. Quando veio a proibição havia muitas pessoas dependentes. Elas passaram a pagar qualquer preço pelo produto, que não mais podiam obter legalmente. Os contraventores se enriqueceram, e o negócio, que era clandestino, fora do alcance do braço da lei, passou a ser dominado por bandidos. Al Capone só pôde ser preso por inconsistência na declaração do Imposto de Renda. Assim, o mais indicado é dificultar a aquisição, não proibir. E essa dificuldade provocada não pode se revestir de alguma falha que torne glamurosa a busca pelo artigo. Se um sobrepreço advindo de taxação especial trouxer essa distorção, então o melhor será desistir dela e liberar a venda para maiores de 21 em farmácias, somente, e apenas para indivíduos que estejam em tratamento médico contra a dependência. A transformação do problema que hoje é social e moral em problema essencialmente médico representa um tiro de misericórdia na era dos destilados.

Uma pessoa que pretenda se livrar da dependência alcoólica não deve continuar a cultivar as amizades que a cercavam nos dias de infortúnio, a menos que essas amizades sigam aquela decisão, o que não é incomum. Ex-alcoólicos que se libertam em comunhão fortalecem seus laços de amizade e dão-se uns aos outros apoio em grau que gente de fora do problema jamais daria. No meio de uma forte tempestade, um náufrago pode salvar alguns companheiros, mas isso tem limite. Se ele tentar salvar muito mais gente do que aquilo que suas forças conseguem suportar, vão todos para o fundo. E daquele companheiro que em vez de se ajudar está, ao contrário, fazendo muita força para puxar para baixo quem o tenta salvar, o melhor a fazer é escapar. Isto é ato de legítima defesa da própria vida. A frase de abertura deste livro, garantindo que "o pilar da força de vontade é o apoio dos amigos", perde o sentido quando se trata de buscar apoio em amigos que não têm o que oferecer em termos de determinação. Amigos que não têm força para se recompor, para melhorar sua própria condição, tampouco poderão incentivar outrem. O que um amigo desses pode oferecer de sábio é o conselho: "Mira-te em meu estado lastimável e busca outro tipo de amizade".

Um náufrago (ainda um náufrago) que esteja sozinho numa ilha e tenha a certeza de que não verá mais nenhum semelhante em seus dias futuros não terá incentivo para ações positivas além daquelas que signifiquem luta pela sobrevivência. Não terá porque fazer a barba todo dia nem porque vestir roupa limpa e perfumada regularmente. É a perspectiva de se encontrar com os amigos ou com uma possível futura namorada que o levará a se preparar, de modo a ter contribuições a dar. Esse encontro é a chave do otimismo. Um otimista incorrigível e absoluto é um tolo, porque certamente não leva em conta que tudo o que fazemos é um passatempo na trajetória da dissolução de nossa carne, já que lá na frente nos dissolveremos, restando só o esqueleto, que em séculos futuros também estará dissolvido, se não for cremado antes. Mas o pessimista incorrigível está em situação muito mais desconfortável, porque não vê com otimismo a possibilidade de legar aos semelhantes uma contribuição positiva. Madre Hildegarda, no século XII, se é confiável o relato dos biógrafos, levantou-se do leito de morte, quando já a estavam velando, e retomou suas atividades, alegando que tinha ainda contribuições a dar. O escritor e político Darcy Ribeiro, já idoso e internado no hospital, pulou a janela e voltou para casa, porque tinha ainda um projeto que não poderia dispensar, que era escrever o livro "O povo brasileiro". O otimismo quanto ao futuro e à construção de uma sociedade mais avançada, como parte de nossa evolução, serve, pois, de contraponto ao pessimismo natural que cultivamos frente à finitude de nossa existência individual.

Quem tem dúvidas quanto à evolução da organização social e política das nações deve atentar para o fato de que o século XX aboliu três das maiores pragas comportamentais que nos atormentavam: a escravidão, a discriminação racial oficial e a guerra convencional (falta agora a eliminação do desemprego involuntário.)

Um pássaro fez ninho num galho pouco seguro. O filhote estava já quase pronto para sair voando. Veio uma ventania muito forte e o galho em que estava o ninho foi atingido por outro galho, derrubando o filhote, que caiu sobre uma pedra e morreu na hora. Há não muitos milênios a espécie humana esteve submetida a esses caprichos do acaso e à mão cruel da seleção natural. Muitos acham que deveríamos voltar a esse tempo.

Quem não se conforma com o progresso humano insiste em dar nomes antigos a fenômenos novos. Escravidão, por exemplo, era um sistema econômico em que um senhor tinha, oficialmente, a propriedade de pessoas. Se um indivíduo sequestra outro e o obriga a trabalhar, o nome disso é trabalho servil, não "trabalho escravo", como querem alguns. A discriminação racial oficial foi extinta tanto nos Estados Unidos quanto na África do Sul, encerrando sua era, embora alguns governos ainda insistam em instalar discriminação racial com um suposto sinal trocado, como na Índia e até mesmo em algumas unidades federativas dos Estados Unidos, julgando estar fazendo algo bom para os prejudicados. Quanto à guerra, o século XXI inaugurou, em setembro de 2001, com o ataque às torres gêmeas de Nova Iorque, a nova modalidade de conflito "bélico" no mundo: confronto provocado por bandos de incautos comandados por fanáticos religiosos. Chamar isso de "guerra", como fez George Walker Bush, é não aceitar os sinais da mudança, antevista perspicazmente pelo Prof. Francis Fukuyama. A guerra convencional, de exército regular contra exército regular, esgotou-se no fim do século XX. Para isso é que foi criada a Organização das Nações Unidas, após o fracasso da efêmera Liga das Nações.

Síntese

* Os quatro caminhos do autocontrole individual: religião, política, empreendedorismo, filosofia (do mais fácil-específico e eficaz ao mais difícil-geral e eficiente).

* As quatro virtudes aristotélicas: Justiça, Prudência, Fortaleza e Temperança.

* As sete fraquezas da cabeça (pecados capitais): gula, ira, luxúria (libertinagem), avareza, preguiça, inveja, soberba (orgulho, preconceito). Mnemônico: *gi-lápis*.

* As cinco ataduras mentais das quais temos de nos livrar:
- Diretiva: supermãe - guru-pedagogo - idolatria
- Ilusionista: paixão - fanatismo
- Aquisitiva: furto - roubo - esmola - estelionato
- Compulsiva: fármacos - vícios - jogo - juros - propaganda
- Psicossomática: obesidade - desleixo - timidez - autodestruição

cacildomarques@gmail.com
@cacildo

www.ingramcontent.com/pod-product-compliance
Lightning Source LLC
Chambersburg PA
CBHW071219280526
45787CB00002B/727